Gerd Kastenmeier

Kastenmeiers Köstlichkeiten

Meine Mitkoch-Show-Rezepte

Für Dr. Michael Ermrich viel Spaß beim Kochen und hören

ihr
Gerd

KASTENMEIERS
Köstlichkeiten

Gerd Kastenmeier & Andrea Giese

Mit Fotos von
Jens Hillig

BuchVerlag
für die Frau

»Versuchungen sollte man nachgeben, wer weiß, ob sie wiederkommen!«

Oscar Wilde, 1854–1900

Inhalt

Vorwort: *Köstlichkeiten* ...   7

Frühling – Rezepte   8
Sommer – Rezepte   36
Herbst – Rezepte   66
Winter – Rezepte   98

PERFETTO – Feine Kost bei Karstadt   131

HITRADIO RTL und die Mitkoch-Show   133

Gerd Kastenmeier   134

Rezeptverzeichnis   136

HITRADIO RTL-Moderator Stephan Bodinus &
Gourmetkoch Gerd Kastenmeier

Köstlichkeiten...

Lassen Sie sich entführen in die Welt des Geschmacks und des Genusses. Schon in der Küche meiner Mama durfte ich erraten, welcher Duft, welches Aroma zu welchem Lebensmittel gehört, und ihr zur Hand gehen. Das weckte mein Interesse am Kochen. Aus dem Interesse ist Liebe geworden. Und viele Jahre, Fertigkeiten, Erfahrungen und tausende Stunden am Herd später ist diese Liebe ungebrochen. Das möchte ich an Sie weitergeben ...

Es erwarten Sie internationale Gerichte, die Sie schon immer mal kochen wollten, Klassiker, aber auch neue Rezepte – viele davon in 30 Minuten zubereitet und immer für 4 Personen berechnet.

Neu: Zu jedem Rezept finden Sie einen QR-Code – sowohl für Ihre praktische Einkaufsliste (🛒) als auch zum Hören des Podcasts der Mitkoch-Show-Sendung bei HITRADIO RTL (🎙). Einkaufen können Sie wie ich in der Perfetto-Feinkostabteilung bei Karstadt.

Neben der Liste für die Zutaten finden Sie immer eine Aufstellung der Kochutensilien. So können Sie gut sehen, was Sie für die Zubereitung wirklich benötigen oder was in Ihrer Küche noch fehlt.

Und es gibt zu jedem Rezept ein Amuse-Gueule – einen »Gruß aus der Küche«: Tipps, Tricks, Wissenswertes und Interessantes zum Rezept, zu Zutaten, zur Zubereitung oder zum Kochen überhaupt.

Riechen, Schmecken, Sehen und Hören – genießen Sie das Kochen und Essen mit allen Sinnen!

Guten Appetit – herzlichst
Ihr

Gerd Kastenmeier

Gerd Kastenmeier

FRÜH

LING

OSTERSCHINKEN *in Brotteig mit Frühlingsgemüse und Kerbelbutter*

Zutaten

800 g vorgekochtes Kasseler
800 g Sauerbrotteig vom Bäcker
Mehl

für die Kerbelbutter:
100 g Butter
Kerbel
½ Zitrone

für das Gemüse:
100 g Brokkoli
100 g Blumenkohl
100 g Karotten
100 g Zuckerschoten
Butter
Muskat
Pfeffer & Salz

Kochutensilien

2 Schüsseln für die Butter und das Gemüse
1 Topf für das Gemüse
1 Pfanne für das Gemüse
Schneidebretter
scharfe Messer
sauberes Küchentuch
Nudelholz
Backblech
Backpapier

Den Ofen auf 170 °C Umluft vorheizen. Den **SAUERTEIG** auf einer gut bemehlten Arbeitsfläche ausrollen und den Schinken fest darin einpacken. Alternativ zum Bäckerteig kann eine Fertigbackmischung für Brot verwendet werden. Diese einfach nach Packungsangaben zubereiten. Mit eventuell übrigem Teig kann der Schinken verziert werden. Den Osterschinken auf ein mit Backpapier belegtes Backblech legen und circa 45 bis 60 Minuten bei vorgegartem oder circa 1,5 Stunden bei rohem Kasseler in den Ofen geben.

Für die **KERBELBUTTER** die weiche Butter in eine Schüssel geben. Den Kerbel fein schneiden und zusammen mit dem Saft einer halben Zitrone und einer Prise Salz unter die Butter mengen. Um eine dekorative Rolle zu formen, ein Stück Backpapier auslegen, die Kräuterbutter in die Mitte geben und das Backpapier einmal umschlagen. Dann die Butter im Backpapier zu einer Rolle formen und bis zum Anrichten in den Kühlschrank legen.

Im Anschluss das **GEMÜSE** waschen, den Blumenkohl und Brokkoli in Röschen teilen, die Karotten schälen und in Rauten schneiden. Die Zuckerschoten bleiben ganz. Wasser für das Frühlingsgemüse aufsetzen, salzen und das Gemüse kurz darin blanchieren. Anschließend in Eiswasser abschrecken, damit der Garvorgang unterbrochen wird. Eine Pfanne mit Butter aufstellen, das Gemüse kurz darin schwenken, mit Salz, Pfeffer und Muskat abschmecken.

Um zu testen, ob das **KASSELER** gar ist, sticht man mit einem Schaschlik-Stab aus Metall in das Fleisch, lässt diesen circa 2 Sekunden stecken und überprüft, ob er heiß ist. Wer ein Bratenthermometer besitzt, lässt das Kasseler so lange im Ofen, bis es eine Kerntemperatur von 75 °C bei vorgegartem Fleisch oder etwas mehr bei rohem Fleisch besitzt. Zum Schluss das Kasseler in dicke Scheiben schneiden, diese jeweils mit einer Scheibe von der Kerbelbutter auf die Teller legen und das Gemüse dazugeben.

Amuse-Gueule

Der **Schinken** bezeichnet die Keule eines Tieres, die in Oberschale, Schinkenstück, Nuss und Speck unterteilt ist. Als Osterschinken besonders geeignet ist Kasseler oder mild geräucherter roher Schinken aus der Nuss. Wer Angst hat, dass der Schinken zu stark gewürzt ist, kann ein kleines Stück entnehmen, probieren und bei hohem Salzgehalt den Schinken über Nacht wässern. Übrigens: Auch Lammfleisch gilt nach langer Fastenphase als sehr bekömmlich.

SUSHI: *Maki-Sushi & Nigiri-Sushi*

Zutaten

500 g Sushi-Reis
200 g Thunfisch
200 g Lachs
1 Avocado
1 Paprika
½ Gurke

8 Blätter gerösteter Seetang (Nori)
eingelegter Sushi-Ingwer
Sojasauce
Reisessig
Wasabipulver oder -paste
Zucker

Kochutensilien

Reiskocher oder 1 Topf für den Sushi-Reis
1 Sieb
1 tiefes Backblech oder Schüssel
1 Sushimatte
1 Schüssel für das Wasabipulver
Schneidebretter
sauberes Küchentuch
scharfe Messer

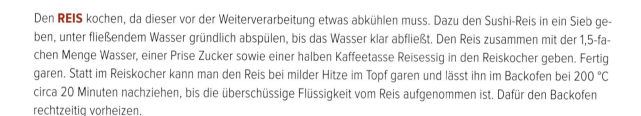

Den **REIS** kochen, da dieser vor der Weiterverarbeitung etwas abkühlen muss. Dazu den Sushi-Reis in ein Sieb geben, unter fließendem Wasser gründlich abspülen, bis das Wasser klar abfließt. Den Reis zusammen mit der 1,5-fachen Menge Wasser, einer Prise Zucker sowie einer halben Kaffeetasse Reisessig in den Reiskocher geben. Fertig garen. Statt im Reiskocher kann man den Reis bei milder Hitze im Topf garen und lässt ihn im Backofen bei 200 °C circa 20 Minuten nachziehen, bis die überschüssige Flüssigkeit vom Reis aufgenommen ist. Dafür den Backofen rechtzeitig vorheizen.

In der Zwischenzeit die **AVOCADO** halbieren und entkernen. Mit einem Esslöffel das Fruchtfleisch aus der Schale holen und in schmale Streifen schneiden. Die verschiedenen **FISCHSORTEN** jeweils in knapp zentimeterbreite Scheiben und anschließend in dünne Streifen schneiden.

Für den Reis ein tiefes Backblech oder eine große Schüssel mit kaltem Wasser ausspülen. Den fertig gegarten Reis hineingeben. Dann mit 2–3 Esslöffel Reisessig vorsichtig umrühren, ausbreiten und auf Zimmertemperatur herunterkühlen lassen. Vor dem Rollen nur noch das Wasabipulver mit einem Schluck Wasser glatt rühren.

Für **MAKI-SUSHI** eine Platte Seetang auf die Sushimatte legen, etwas anfeuchten und den Reis locker auf die untere Hälfte legen. Darauf ein wenig von der Wasabipaste streichen, in der Mitte mit den Streifen von einer oder mehreren Fischsorten sowie der Avocado belegen und zusammenrollen. Dabei nicht zu fest pressen. Die weiteren Makirollen können ganz nach Geschmack und Belieben belegt werden, zum Beispiel mit Gurke oder Paprika. Zum Aufschneiden am besten ein scharfes, leicht angefeuchtetes Messer verwenden.

Den Fisch für **NIGIRI-SUSHI** dünner herunterschneiden. Reis zu einer kleinen Rolle formen, diese von einer Seite mit etwas Wasabipaste bestreichen und mit verschiedenen Fischfilets belegen. Zum Neutralisieren klassisches Sushi mit Sojasauce, Wasabi und Ingwer servieren!

Amuse-Gueule

Wählen Sie beim Kauf immer ganz frischen Fisch aus der Feinkostabteilung oder vom Fischhändler. Nicht jeder Fisch eignet sich für **Sushi**, deshalb beim Kauf unbedingt nachfragen! Die Herstellung beträgt circa 2 bis 3 Stunden aufgrund der Reiszubereitung. Sushistücke immer mundgerecht schneiden, denn abbeißen oder zurücklegen gilt als unmanierlich. (Und niemals die Stäbchen als Zeigefinger verwenden!)

Maki und Nigiri sind übrigens in Europa am beliebtesten: mit kaltem, gesäuertem Reis, ergänzt um Zutaten wie rohem oder geräuchertem Fisch, Meeresfrüchten, Nori (getrockneter, gerösteter Seetang), Gemüse, Tofuvarianten oder Ei.

Prinzipiell sind Fisch und Reis Bestandteile einer gesunden Ernährung. Fisch wird mit Omega-3-Fettsäuren, Eiweiß, Vitaminen und Mineralstoffen in Verbindung gebracht und gilt wie der Reis als kalorienarm. Reis steckt voller Nährstoffe wie Kohlenhydrate, Eiweiße und Ballaststoffe, ist glutenfrei, löst keine Allergien aus und lässt den Blutzuckerspiegel nur langsam ansteigen. Er hält lange das Sättigungsgefühl.

Einen Sushi-Experten nennt man übrigens Sushi-Tsu.

Klassische LASAGNE

Zutaten

für die Hackfleischsauce:

600 g Rinder- oder gemischtes Hackfleisch
100 g Karotten
100 g Sellerie
1 große Zwiebel
600 ml geschälte Eiertomaten aus der Dose

für die Béchamelsauce:

50 g Butter
30 g Mehl
400 ml Milch

300 g Lasagneblätter
80 g geriebener Käse, zum Beispiel Pecorino
Olivenöl
Muskat
Pfeffer & Salz

Kochutensilien

1 Stieltopf für die Hackfleischsauce
1 Stieltopf für die Béchamelsauce
1 große Auflaufform
Schneidebretter
sauberes Küchentuch
Schneebesen
scharfe Messer

Zu Beginn den Ofen auf 180 °C vorheizen. Für die **HACKFLEISCHSAUCE** die Karotten, den Sellerie und die Zwiebel schälen, in feine Würfel schneiden und in einem Stieltopf mit Olivenöl anschwitzen. Das Hackfleisch zum Gemüse geben, anbraten und dabei kräftig rühren. Wenn das Fleisch leicht gebräunt ist, die Tomaten aus der Dose dazugeben, kurz aufkochen, mit Salz und Pfeffer würzen.

Für die **BÉCHAMELSAUCE** Butter und Mehl in einen Stieltopf geben und anschwitzen. Damit keine Klümpchen entstehen, das Mehl mit dem Schneebesen gut verrühren und im Anschluss mit kalter Milch auffüllen. Die Sauce mit Muskat, Salz und Pfeffer abschmecken und als erste Schicht in die Auflaufform füllen.

Es folgt eine Lage ungekochter **LASAGNEBLÄTTER**. Darauf eine Schicht Hackfleischsauce geben und wieder eine Schicht Béchamelsauce, bis alles bedeckt ist. In dieser Reihenfolge weiter schichten. Auf die letzte Schicht Béchamelsauce kommt der geriebene Käse als krönender Abschluss.

Die Lasagne braucht bei 180 °C je nach Größe circa 30 bis 40 Minuten. Ob die Lasagne fertig ist, kann man mit einer Gabel testen. Wenn diese gut durch die Schichten gleitet, ist die Lasagne gar. Dann die Lasagne aus dem Ofen nehmen, kurz abkühlen lassen, in Portionen teilen und auf Tellern anrichten.

Amuse-Gueule

Die **Lasagne** am besten immer mit Béchamelsauce beginnen, dann muss die Auflaufform nicht eingefettet werden. Wenn man großzügig mit der Sauce weiterarbeitet, müssen die Nudelplatten nicht vorgekocht werden. Noch ein kleiner Tipp: Ruhig mal die Lasagne mit Gemüse füllen, das schmeckt auch Kindern sehr gut und ist gesund. Überhaupt bringen Nudeln sehr viel Energie, da sie reich an Kohlenhydraten sind. Lasagne eignet sich übrigens vorzüglich als Resteessen. Aus der Tradition heraus entwickelte sich in Italien in jeder Region eine eigene Pastasorte. Die Lasagne wird dem norditalienischen Bologna in der Region Emilia Romagna zugeordnet.

PANIERTE SCHWEINEFILETS *mit Cornflakes, karamellisiertem Frühlingslauch und Tomatenspaghettini*

Zutaten

für die Tomatensauce:
1 Zwiebel
1 Knoblauchzehe
Olivenöl
500 g Kirschtomaten
150 g geschälte Tomaten aus der Dose

600 g Schweinefilet
100 g Spaghettini
1 Bund Frühlingslauch
1 Zitrone
Mehl
2 Eier
50 ml Sahne
200 g ungezuckerte Cornflakes
Butter
Butterschmalz
frisches Basilikum
Zucker, Pfeffer & Salz

Kochutensilien

1 Topf für die Tomatensauce
1 Topf für die Nudeln
1 Pfanne für die Schnitzel
1 Pfanne für den Lauch
3 Schüsseln für die Panierstraße
Schneidebretter
sauberes Küchentuch
Plattiereisen
Sieb
scharfe Messer
Klarsichtfolie

Das Schweinefilet aus dem Kühlschrank nehmen und bei Zimmertemperatur bereitlegen. Die **TOMATENSAUCE** zubereiten: Dafür Zwiebel und Knoblauch schälen, fein würfeln und in einem Stieltopf in Olivenöl anschwitzen. Eine Prise Zucker zu den Zwiebeln geben, kurz karamellisieren und die Kirschtomaten, anschließend die Dosentomaten zufügen. Mit Salz und Pfeffer abschmecken, 20 Minuten einköcheln lassen. In der Zwischenzeit den Frühlingslauch putzen und in Rauten schneiden.

Das **SCHWEINEFILET** für die Schnitzel von Fett und Sehnen befreien und schräg, entgegen der Faser, mit einem scharfen Messer dünne Scheiben herunterschneiden. Die Filetscheiben zwischen zwei Klarsichtfolien legen, plattieren und mit Salz, Pfeffer und dem Saft einer Zitrone würzen. Die gewürzten Schnitzel zuerst in Mehl wenden, anschließend durch das Ei ziehen und zum Schluss in den Cornflakes wenden. Einen Topf mit reichlich Salzwasser für die **SPAGHETTINI** aufstellen und al dente kochen.

In einer Pfanne reichlich Butterschmalz erhitzen. Die **SCHNITZEL** darin von beiden Seiten braten, bis sie goldgelb gebräunt sind.

Für den **LAUCH** in einer zweiten Pfanne etwas Zucker und ein Stück Butter karamellisieren, den Lauch hinzufügen und kurz gar ziehen.

Spaghettini abgießen, abbrausen und mit der Tomatensauce vermengen. Fein geschnittenes Basilikum dazugeben und abschmecken. Wir wünschen guten Appetit!

Amuse-Gueule

Schnitzel ist ein Klassiker – beliebt bei Alt und Jung! Das Original »Wiener Schnitzel« muss aus der Oberschale oder Nuss vom Kalb stammen, und nur vom Kalb darf es sich so nennen. Viele verwenden auch Oberschalenschnitzel vom Schwein. Die Lende davon ist weicher, zarter, neigt jedoch beim Braten dazu, trocken zu werden. Aber die Panade lässt das Schnitzel saftig bleiben. Probieren Sie ruhig einmal eine andere Panade als Ei mit Semmelbrösel. Als Diätgericht ist es überhaupt nicht geeignet, da Schweinefleisch die meisten Kalorien hat. Mit kalorienärmerem Geflügel (Huhn oder Pute) funktioniert dieses Rezept aber genauso.

Und noch ein paar kleine Tipps: Für dünne Schnitzel am besten Schweinefilet verwenden; zwischen Küchenfolie mit Pfannenboden sehr dünn klopfen; Fleisch zuerst würzen; erst in Mehl, dann in verquirltem Ei und anschließend in Semmelbröseln wenden; in reichlich Butterschmalz anbraten und immer in Bewegung halten; danach mit Küchenkrepp abtupfen. Schnitzel immer mit Zitronenschnitzen servieren, da die Säure das ganze Gericht »etwas leichter« macht!

HACKFLEISCHBÄLLCHEN *mit Frühlingsgemüse*

Zutaten

für die Hackfleischbällchen:

400 g gemischtes Hackfleisch
100 g Toastbrot
Milch
1 Ei
Ketchup & Senf
Kerbel & Basilikum
Schnittlauch & Blattpetersilie

für das Gemüse:

100 g Karotten
100 g Spargel
100 g Zuckerschoten
¼ Blumenkohl
100 g junge Erbsen
Butter & Zucker
1 EL saure Sahne
Olivenöl
Zucker
Muskat, Pfeffer & Salz

Kochutensilien

2 Schüsseln für die Hackfleischbällchen und das Eiswasser
1 Topf zum Blanchieren
1 Wok oder Pfanne für das Gemüse
1 Pfanne für die Hackbällchen
Schneidebretter
sauberes Küchentuch
Stabmixer
scharfe Messer

Für die **HACKFLEISCHBÄLLCHEN** das Toastbrot in eine Schüssel geben und mit etwas Milch einweichen. Das Hackfleisch, ein Ei sowie je einen Esslöffel Senf und Ketchup dazugeben, mit Salz, Pfeffer und Muskat würzen und alles gut vermengen. Die Kräuter klein schneiden und ebenfalls unter die Hackmasse rühren. Aus der fertigen Fleischmasse kleine Kügelchen mit circa 3 cm Durchmesser formen.

Für das **FRÜHLINGSGEMÜSE** die Karotten, den Spargel, die Zuckerschoten und den Blumenkohl putzen und in gleich große Stücke schneiden. Das Gemüse, ohne die Erbsen, nur ganz kurz und nacheinander in Salzwasser blanchieren und in Eiswasser abschrecken. Anschließend eine Pfanne mit einer Butterflocke aufstellen und eine Prise Zucker darin schmelzen. Das blanchierte Gemüse, die Erbsen und eine Prise Salz in die Pfanne geben, darin anschwitzen und bei milder Hitze garen. Kurz vor Schluss mit einem Löffel saurer Sahne und gemahlenem Muskat abschmecken.

Die Fleischbällchen in Olivenöl bei milder Hitze in einer zweiten Pfanne bei geschlossenem Deckel braten. Darauf achten, dass die Pfanne nicht zu heiß wird, damit die Kräuter nicht verbrennen.

Abschließend das Gemüse auf den Tellern verteilen, die Hackfleischbällchen auf das Gemüse legen und das Ganze mit einem Kräutersträußchen garnieren.

Amuse-Gueule

Nichts ist so zart in der Konsistenz und fein im Geschmack wie sonnengereiftes **Frühlingsgemüse**. Es ist außerdem überwiegend kalorienarm und reich an Vitalstoffen. Karotten sind leicht bekömmlich (Baby- und Diätküche) und besitzen einen wertvollen hohen Gehalt an Betakarotin, Vitamin K, Folsäure, Kalium, Kalzium und Eisen. Auch Zuckerschoten und Rhabarber, der botanisch gesehen zu den Gemüsen gehört, sind gesunde Kraftpakete. Wichtig bei allen Gemüsesorten ist, dass sie für den sofortigen Verzehr bestimmt sind. Nährstoffe gehen durch zu viel Hitze oder zu lange Garzeiten verloren. **Frische Kräuter** sind sehr hitzeempfindlich, deshalb erst zum Schluss zerkleinern und hinzufügen, um Geschmack und Vitamine zu erhalten. Kräuter wie Petersilie, Schnittlauch, Knoblauch oder Bärlauch sind stoffwechselanregend.

GARNELENTATAR, Gratinierte JAKOBSMUSCHELN mit Spinat und KRABBENPFLANZERL mit Dip

Zutaten

für die Jakobsmuscheln mit Spinat:

4 Jakobsmuscheln in der Schale
100 ml Weißwein
2 Eier
100 g Butter
100 g Spinat
Pfeffer & Salz

für das Garnelentatar:

4 Garnelen
1 Baguette
1 Limette
1 EL Crème fraîche
Sesamöl
Mineralwasser
Koriander
Pfeffer & Salz

für die Krabbenpflanzerl:

100 g Lachsfilet
2 Eier
100 g Sahne
100 g Büsumer Krabben
Essig & Olivenöl
80 g Rucola
½ reife Mango
Zucker, Pfeffer & Salz

Kochutensilien

3 Schüsseln für Garnelen, Rucola & Farce
1 Pfanne für Jakobsmuscheln & Spinat
4 Muschelschalen/Auflaufförmchen
2 Töpfe für das Wasserbad & den Dip
1 Schlagkessel
1 Schüssel für die Krabben
1 Pfanne für die Frikadellen
Schneidebretter, scharfe Messer
sauberes Küchentuch
Schneebesen
Moulinette

GARNELENTATAR: Zuerst die **GARNELEN** putzen, schälen und vom Darm befreien. Dafür den Kopf von der Garnele abdrehen, die Garnele vom Rücken her mit einen kleinem spitzen Messer einschneiden, die Schale entfernen und den Darm herausziehen. Anschließend das Garnelenfleisch als Tatar klein schneiden und in eine Schüssel geben. Je einen Schluck Sesamöl und Mineralwasser hinzugeben und mit klein geschnittenem Koriander, Salz und Pfeffer abschmecken. Kurz vor dem Servieren noch einen Spritzer Limettensaft unterrühren und mit einem Klecks Crème fraîche und frischem Baguette anrichten.

GRATINIERTE JAKOBSMUSCHELN MIT SPINAT: Am besten nimmt man frische **JAKOBSMUSCHELN** in der Schale. Wer keine frischen bekommen hat, kann sich die Schale auch separat besorgen oder nimmt kleine Auflaufförmchen. Aus Weißwein und Eiern eine **SABAYON** (aufgeschäumte Sauce) herstellen: einfach die Zutaten mit einem Schneebesen über einem heißen Wasserbad schaumig aufschlagen. Die Butter verflüssigen, langsam unter die Sabayon schlagen und mit Salz und Pfeffer abschmecken. In der Zwischenzeit den Ofen anheizen und auf Grill einstellen.

Eine Pfanne mit Butter erhitzen, den **SPINAT** darin andünsten, bis er etwas zusammenfällt, mit Salz und Pfeffer würzen und in die Muschelschalen oder die Auflaufförmchen geben. Die Jakobsmuscheln in der Pfanne kurz von beiden Seiten anbraten und auf den Spinat geben. Das Ganze mit der Sabayon begießen und im Ofen gratinieren, bis sie Farbe nehmen.

KRABBENPFLANZERL MIT DIP: Für die Krabbenpflanzerl Lachsfilet, Eier und Schlagsahne in eine Moulinette geben und zu einer **FARCE** (Füllung) verarbeiten. Diese mit Salz und Pfeffer abschmecken und in eine Schüssel füllen. Die **KRABBEN** zugeben und aus der Masse kleine Frikadellen formen. Eine Pfanne mit Öl aufstellen und die Frikadellen darin braten. In der Zwischenzeit den **RUCOLA** mit etwas Essig und Olivenöl marinieren und auf dem Teller anrichten. Für den **DIP** je eine halbe Tasse Wasser, Essig und Zucker in einen Topf geben und aufkochen lassen. Die **MANGO** schälen, klein würfeln und einmal in der Flüssigkeit hochkochen lassen. Die Pflanzerl auf den Salat geben und den Dip dazu reichen.

Amuse-Gueule

Garnelen gehören zu den beliebtesten Meeresfrüchten. Kein Wunder – sie sind vielseitig und ideal für die schnelle Küche. Krustentiere werden ja mehr nach Größe als nach der Art unterschieden, deshalb gibt es viele verschiedene Bezeichnungen für sie: Shrimps, Prawns, Gambas, Gamberi, Granat, Krevetten oder Hummerkrabben (auch Nordseegarnelen sind deshalb häufig Krabben). Als Zeichen für ihre Frische beim Einkauf den Zustand der Schale und Fühler prüfen: Sie sollten möglichst glänzen, intakt sein und eine einheitliche Farbe aufweisen. Riechen sie streng (Ammoniak!), sind sie nicht mehr frisch.

Bei der Zubereitung sollte der biegsame Panzer am Rückgrat mit einem scharfen Messer aufgeschnitten werden, so kann man den Darm einfach herausziehen. Die Garnele, der sogenannte Langschwanzkrebs ohne Schere, ist farblich meist glasig grau, gelblich oder auch grünlich, aber der Panzer färbt sich beim Kochen rot, rötlich.

Ein kleiner, aber feiner **Knigge-Tipp**: Werden Krustentiere am Tisch serviert, fassen Sie den Kopf mit der linken Hand und trennen Sie ihn ab. Lösen Sie dann den Panzer des Schwanzes. Auf diese Weise löst sich alles leicht ab. Legen Sie sich so einen kleinen »Vorrat« an, säubern Sie Ihre Finger, dann können Sie mit Messer und Gabel weiteressen.

Meeresfrüchte sind mittlerweile überall erhältlich, auch tiefgefroren. Allerdings ist die Gefahr einer Lebensmittelvergiftung bei **Muscheltieren** besonders hoch. Also keine Muscheln mit gebrochenen Schalen verwerten oder solche, die sich beim Kochen nicht öffnen. Muscheln, die sich schon vor dem Kochen geöffnet haben oder bei Berührung nicht mehr schließen, bitte auch nicht verwenden! Dann können Sie heiter und gelassen bleiben wie Theodor Fontane: »Ein Optimist ist ein Mensch, der ein Dutzend Austern bestellt, in der Hoffnung, sie mit der Perle, die er darin findet, bezahlen zu können.«

Meeresfrüchte ist der Oberbegriff für Krustentiere (Krebse, Hummer, Krabben), Schalentiere (verschiedene Muscheln, Mies-, Venus-, Jakobsmuscheln) und sogenannte Kopffüßer (Kalmare, Tintenfische). Allen gemeinsam ist, dass sie überwiegend fettfrei sind, wenig Kalorien, dafür sehr viele wichtige Nähr- und Mineralstoffe wie Eisen, Phosphor, Zink, Calcium, Magnesium und Jod; Vitamine wie A, B_2, B_6 und B_{12} haben und mehrfach ungesättigte Omega-3-Fettsäuren beinhalten. Wer allerdings Probleme mit Cholesterin hat, sollte Meeresfrüchte nur gelegentlich konsumieren, denn sie haben einen hohen Cholesterinanteil.

STANGENSPARGEL mit Schinken-Kräuter-Vinaigrette

Zutaten

800 g Stangenspargel
weißer Balsamico
Olivenöl
Senf
Honig
Zucker
Pfeffer & Salz

für die Vinaigrette:
400 g Schinken in Würfeln (roh oder gekocht)
4 Eier
200 g Schalotten
3 Fleischtomaten
150 g Schnittlauch

Kochutensilien

1 Topf für den Spargel
1 Topf für die Tomaten & Eier
1 Schüssel für die Vinaigrette
1 hohes Gefäß zum Mixen
Schneidebretter
scharfe Messer
sauberes Küchentuch
Sparschäler
Stabmixer

Zu Beginn den **SPARGEL** schälen. Dafür die Spargelstangen zwischen Zeigefinger und Daumen nehmen, auf dem Unterarm auslaufen lassen und circa 2 cm unter dem Spargelkopf mit dem Schäler herunter schälen. Die unteren Enden gut 2 cm abschneiden.

Für den Spargel einen Topf mit reichlich Wasser aufstellen. Das Spargelwasser mit einem Teelöffel Salz und einer Prise Zucker (für die Bitterstoffe) würzen und zum Kochen bringen. Den Spargel darin bissfest garen. Ob der Spargel durch ist, kann man mit einer Nadel testen. Diese an der dicksten Stelle der Spargelstange einstechen. Wenn der Spargel kaum Widerstand gibt, ist er gar.

Für die **VINAIGRETTE** die Tomaten vom Strunk befreien und am gegenüberliegenden Ende einritzen. Einen Topf mit Wasser aufstellen, zum Kochen bringen und die Tomaten im kochenden Wasser kurz blanchieren, bis sich die Schale löst. Anschließend mit kaltem Wasser abschrecken, häuten und in feine Würfel schneiden. Währenddessen die Eier in das kochende Wasser geben und hart kochen. Die Schalotten schälen, die Eier pellen, alles in kleine Würfel schneiden und mit den Schinken- und Tomatenwürfeln sowie Schnittlauchringen in die Schüssel geben.

Für die Vinaigrette eine kleine Kelle des Spargelwassers, je einen Schuss weißen Balsamico und Olivenöl sowie Senf, Honig, Salz und Pfeffer in ein hohes Gefäß geben, mit dem Stabmixer aufmixen und unter die Schinkenmischung rühren. Die Vinaigrette kurz durchziehen lassen.

Die Spargelstangen heiß auf die Teller legen, die Vinaigrette darauf anrichten und mit einem Kräutersträußchen dekorieren.

Amuse-Gueule

Es duftet an der Schnittstelle herrlich aromatisch, wenn der **Spargel** frisch gestochen ist, so ist er auch am besten. Prall, knackig, leicht glänzend, am Kopf geschlossen, sowie das Schnittende feucht und saftig. Kleiner Test: Spargelstangen aneinander reiben – es quietscht – super frisch! Riecht er leicht säuerlich – Hände weg! 1 bis 2 Tage kann er in feuchten Tüchern im Kühlschrank aufbewahrt werden.

Sie können ihn liegend im großen Topf (kein Aluminium) kochen oder stehend im speziellen Spargeltopf. Die Köpfe sind eher gar, deshalb den Topf nur zu zwei Dritteln mit Wasser füllen. Möglichst gleich dicke Stangen zusammen kochen. Wasser mit Salz und Zucker abschmecken, denn der Zucker kann Bitterstoffe binden. Es gibt 3 Arten: Grüner Spargel (mit kurzer Garzeit), Weißer, also Bleichspargel und violetter Spargel. Schon Ägypter, Griechen und Römer wussten die harntreibende und angeblich aphrodisierende Wirkung zu schätzen.

FINGERFOOD: *1. Kräutercrêpes mit Räucherlachs*

Zutaten

100 g Räucher- oder Beizlachs
50 g Frischkäse

für den Crêpeteig:
50 g Mehl
2 Eier
200 ml Milch
Dill
Muskat
Pfeffer & Salz

Kochutensilien

1 Schüssel für den Crêpeteig
1 Pfanne für die Crêpes
1–2 Schneidebretter
1 sauberes Küchentuch
scharfe Messer
Holzspieße

Für den **CRÊPETEIG** Mehl, Eier und Milch glattrühren und mit Salz, Pfeffer und Muskat würzen. Den Dill fein schneiden und unter den Teig rühren.

Nachdem der Teig etwas geruht hat, eine Pfanne aufstellen und die Crêpes dünn in Butter ausbacken. Die fertigen Crêpes abkühlen lassen. Mit Frischkäse bestreichen und mit dem Räucherlachs belegen. Die belegten Crêpes eng aufrollen, 1 cm dicke Scheiben herunter schneiden und kleine Spieße einstecken.

Amuse-Gueule

Fingerfood sind kleine Snacks (früher: Schnittchen oder Häppchen), die ohne Teller und Besteck mit einem Bissen gegessen werden können. Dazu gehören: kleine Wraps, Bruschetta, Canapés, Crêpes, Sandwiches, Sushi und an kleinen Spießen servierte Happen. Entweder bauen Sie das Fingerfood als Büfett auf oder, wenn wenig Platz vorhanden ist, reichen Sie die Häppchen zur Begrüßung, als »Flying Buffet« oder zum Stehempfang. Im Übrigen verhindern kleine Zwischenmahlzeiten Heißhungerattacken. Und wenn man auf die Zutaten achtet, ergänzen sie ideal die ausgewogene Ernährung.

FINGERFOOD: *2. Crostini mit Parmaschinken und Parmesan*

Zutaten

halbgebackenes Baguette
16 Scheiben Parmaschinken
100 g Rucola
30 g Parmesan
Butter

Kochutensilien

1 Pfanne für die Brotscheiben
Schneidebretter
sauberes Küchentuch
scharfe Messer
Hobel
Küchenkrepp

Für die Crostini das halbgebackene Baguette in 2 bis 3 mm dünne Scheiben schneiden und in einer Pfanne in Butter von beiden Seiten knusprig anbraten. Im Anschluss das Brot auf Küchenkrepp abtropfen lassen.

Nun den Rucola waschen, den Strunk entfernen, kleinzupfen und die kleinen Brotscheiben belegen. Den Parmaschinken dekorativ darauf legen und den Parmesan darüber hobeln.

Amuse-Gueule

Der neueste **Fingerfood**-Trend nennt sich »Verrines« (übersetzt: das Gläschen). Diese leckeren Minigerichte in Glasschälchen oder Gläschen kommen ursprünglich aus Frankreich. Damit erweitert sich die Palette des klassischen Fingerfoods um Süppchen, Salate und Cremes.

Die Menge Fingerfood richtet sich natürlich nach Anlass und Gästezahl. Beispiel: Für einen kleinen Umtrunk (2 Stunden) rechnet man pro Person fünf Häppchen. Findet das Fest mittags oder abends statt, rechnet man pro Gast rund 8 bis 10 Schnittchen. Für ein abendfüllendes Programm sollte man mindestens mit 12 Häppchen rechnen.

FINGERFOOD: *3. Pumpernickeltaler mit Rindertatar*

Zutaten

80 g Rindertatar
16 Pumpernickeltaler
1 Ei
4 Wachteleier
Zwiebel
1 Gewürzgurke
Pflanzenöl

Senf & Ketchup
Pfeffer & Salz
Paprikapulver

Kochutensilien

1 Pfanne für die Wachteleier
1 Schüssel für das Tatar
Schneidebretter
sauberes Küchentuch
Stabmixer
scharfe Messer

Für das **TATAR** etwas Öl, ein Ei, je einen Esslöffel Ketchup und Senf sowie Salz, Pfeffer, Paprikapulver und eine Gewürzgurke mit etwas Gurkenwasser in ein hohes Mixgefäß geben. Eine Zwiebel schälen, grob hacken, zu der Marinade geben und diese mit dem Stabmixer mixen. Die Marinade mit dem Rindfleisch vermengen und bis zum Anrichten kalt stellen. Nun noch die **WACHTELEIER** als kleine Spiegeleier bei milder Hitze braten, die Pumpernickel mit dem Tatar belegen und die Spiegeleier auf das Tatar setzen.

Amuse-Gueule

Achten Sie beim Einkauf immer auf saisonale Produkte. **Rindertatar** am besten frisch beim Metzger kaufen oder ein Stück Rindfleisch zuhause durch den Fleischwolf drehen.

Wichtig bei **Fingerfood** ist, dass die Zutaten nicht zu stark tropfen, kleben oder beim Abbeißen spritzen. Als Brotersatz ruhig auch auf Tramezzini, Weißbrotröllchen, Stangenbrot und vieles mehr zurückgreifen. Lassen Sie Ihrer Phantasie freien Lauf.

Außerdem können fertige Häppchen unter Frischhaltefolie einige Stunden im Kühlschrank aufbewahrt werden. Cremes allerdings immer ganz frisch zubereiten. Und warme Teilchen können Sie auch super mit Käse überbacken.

FINGERFOOD: *4. Dörrpflaumen im Speckmantel*

Zutaten

16 Dörrpflaumen
16 Mandelkerne
8 Frühstücksspeck-Scheiben

Kochutensilien

1 Pfanne für die Pflaumen
Schneidebretter
sauberes Küchentuch
scharfe Messer
Holzspieße

Die Pflaumen an der Stelle, wo ursprünglich der Kern steckte, mit den Mandelkernen füllen. Je etwa eine halbe Scheibe Speck um die Pflaumen wickeln, eventuell mit hölzernen Zahnstochern fixieren und kurz vor dem Servieren in der Pfanne rundum knusprig braten.

Amuse-Gueule

Dörrpflaumen helfen nicht nur bei Verdauungsproblemen. Pflaumen und Zwetschgen bestehen zu 85 Prozent aus Wasser und haben einen niedrigen Energiegehalt sowie reichlich Vitamine, Mineralstoffe und sekundäre Pflanzeninhaltsstoffe. Neben den blutdruckregulierenden Mineralstoffen enthalten sie Kalium und Provitamin A-Beta-Carotin. Außerdem stecken in der Schale des Obstes Anthocyane, die vor Krebs und Herzinfarkt schützen sollen. Dieser Stoff ist auch für die blaue Farbe verantwortlich. In Deutschland gern angebaute Arten sind Eierpflaumen, Rundpflaumen, Mirabellen und Zwetschgen.

FISCHSTÄBCHEN
mit Gurken-Dill-Salat

Zutaten

800 g Kabeljaufilet
½ Kastenweißbrot
1 Zitrone
Mehl
3 Eier
Pflanzenöl
Pfeffer & Salz

für den Salat:
2 Salatgurken
1 Bund Dill
200 g Magerjoghurt
1 EL Crème fraîche
½ Zitrone

Kochutensilien

1 Schüssel für den Gurkensalat
1 Schüssel für den Fisch
3 tiefe Teller zum Panieren
1 große Pfanne für die Fischstäbchen
Schneidebretter
sauberes Küchentuch
Moulinette
Küchenkrepp
scharfe Messer
Hobel

Zuerst das halbe Kastenweißbrot in einer Moulinette zu Semmelbröseln verarbeiten. Nach Belieben die Rinde vorher wegschneiden.

Für den **GURKEN-DILL-SALAT** die Gurken waschen, mit einem Hobel in feine Scheiben schneiden und in eine Schüssel geben. Die Gurkenscheiben mit Salz und Pfeffer würzen. Den Magerjoghurt, einen Spritzer Zitronensaft und Crème fraîche unterrühren. Den Gurkensalat kalt stellen.

Den **KABELJAU** von Haut oder Gräten befreien und in grobe Streifen schneiden. Den zugeschnittenen Fisch in eine Schüssel geben, mit dem Saft einer halben Zitrone, Salz und Pfeffer marinieren. Lieber den Fisch etwas überwürzen, da die Panade viel Geschmack aufnimmt. Den marinierten Fisch zuerst in Mehl wenden, anschließend mit Ei umhüllen und in die Weißbrotbrösel drücken.

In der Zwischenzeit eine Pfanne mit reichlich Pflanzenöl aufstellen, heiß werden lassen und die Fischstäbchen darin knusprig ausbacken. Den ausgebackenen Fisch aus der Pfanne nehmen, auf Küchenkrepp abtropfen lassen. Den Gurkensalat noch einmal mit Salz und Pfeffer abschmecken, den Dill klein schneiden und unter den Gurkensalat mischen.

Den Salat und die Fischstäbchen zusammen auf einem Teller anrichten und mit einem Zitronenschnitz servieren.

Amuse-Gueule

Um Kinder an das gesunde Fisch-Essen heranzuführen, sind **Fischstäbchen** ideal. Greifen Sie deshalb bei Fertigprodukten nicht zu den ganz billigen, denn sie haben einen hohen Panadeanteil. Besser ist, Sie bereiten die Stäbchen selbst aus aromatischem, frischem Seelachs oder Kabeljau zu. Übrigens kann man Fischstäbchen bei 220°C rund 15 Minuten auch gut im Backofen braten. Das macht sie noch kalorienärmer, da kein Fett zugegeben werden muss. In der Pfanne dagegen verwenden Sie am besten Rapsöl, das liefert zusätzlich wertvolle Omega-3-Fettsäuren.

FORELLENRÖLLCHEN *mit karamellisiertem Spargel und Vanillesauce*

Zutaten

4 Forellenfilets
16 Stangen Spargel
Öl
1 TL Kartoffelstärke
3 EL Puderzucker
Weißwein
Brühe
Pfeffer & Salz

für die Farce:
100 g Lachsfilet
1 Ei
100 g Sahne
1 TL Tabasco

für die Vanillesauce:
Butter
2 Schalotten
1 Vanilleschote
½ Tasse Weißwein
½ l Gemüsebrühe

Kochutensilien

1 Schüssel für die Farce
1 Topf für die Sauce
1 Topf für die Forellenröllchen
1 Pfanne für den Spargel
Schneidebretter
sauberes Küchentuch
Spargel- oder Kartoffelschäler
Stabmixer
Aluminiumfolie
scharfe Messer

Lachsfilet in Würfel schneiden und in eine Schüssel geben. Ei und Sahne hinzugeben und mit Salz und Pfeffer würzen. Mit dem Stabmixer zu einer **FARCE** verarbeiten und mit Tabasco würzen.

Aluminiumfolie zum Einrollen vorbereiten und mit Butter bestreichen. **FORELLENFILETS** von der Haut befreien und mit Salz und Pfeffer würzen. Farce auf die Filets auftragen und zusammenrollen. Röllchen in die Aluminiumfolie einwickeln und die Enden wie ein Bonbon fest zusammendrücken.

Für die **VANILLESAUCE** einen Topf mit Butter aufsetzen. Schalottenwürfel und Vanillemark hinzugeben. Nach dem Anschwitzen mit Weißwein und Gemüsebrühe ablöschen und leicht köcheln lassen.

Ofen auf 160 °C vorheizen. **SPARGEL** schälen und halbieren.

Für die **FORELLENRÖLLCHEN** einen Topf mit Wasser zum Kochen aufstellen. Kochendes Wasser vom Herd nehmen, die Röllchen einlegen und mit Hilfe eines Tellers ins Wasser drücken. Spargelstangen mit Puderzucker karamellisieren, mit einem Spritzer Weißwein ablöschen und etwas Brühe hinzugeben. Für circa 20 Minuten bei 160 °C in den Ofen stellen. Vanillesauce passieren und mit Kartoffelstärke binden. Dann etwas Butter hinzugeben und aufschäumen. Spargel aus dem Ofen nehmen, mit Brühe ablöschen und erneut im Ofen garen. Forellenröllchen aus dem Wasserbad nehmen, Aluminiumfolie entfernen und die Forellenröllchen in Scheiben schneiden. Spargel aus dem Ofen nehmen und mit der Schnittfläche nach oben legen. Röllchen darüber platzieren und mit der Vanillesauce beträufeln.

Amuse-Gueule

Für eine Portion Fisch sollten Sie pro Person mit ungefähr 200 g rechnen, bei ganzen Fischen um die 250 bis 300 g. **Frischen Fisch** erkennt man an klaren, durchsichtigen, prallen Augen, hellroten Kiemen, glänzender Haut mit klarer Schleimschicht, festsitzenden, glatten Schuppen und festem, elastischem Fleisch ohne Druckstellen.

Die **Forelle** zählt zu den beliebtesten Speisefischen, vor allem als Forelle blau oder Müllerin. Man kann sie auch sehr gut braten, backen, räuchern, beizen oder pochieren. Sie hat pro 100 g nur 3 g Fett und ist damit sehr kalorienarm, außerdem liefert sie viel Eiweiß, Kalium und Vitamin B_{12}.

QUARKSTRUDEL *mit Rhabarberkompott und Rhabarbertarte*

Zutaten

für den Quarkstrudel:
4 Toast- oder Weißbrotscheiben
500 g Speisequark, Magerstufe
½ Vanilleschote (Mark)
Zitronen- und Orangenabrieb
1 Eigelb & 1 Eiweiß & 1 ganzes Ei
1 Pck. Blätterteig (TK)
4 EL Zucker

für das Kompott:
5 Stangen Rhabarber
300 g Erdbeeren
200 ml Weißwein
200 ml Orangensaft
100 ml Wasser
10 g Puddingpulver
½ Vanilleschote
½ Zitrone
4 EL Zucker

1 Pck. Blätterteig (TK)

Kochutensilien

4 Schüsseln für die Mie de pain, die Quarkmasse, das Rhabarberkompott und die Sauce
1 Topf für das Kompott
1 Pfanne für die Tarte
Dessertringe
Mixer
Schneidebretter
sauberes Küchentuch
Backpapier
Pinsel
scharfe Messer

Für den **QUARKSTRUDEL** die entrindeten Toastscheiben im Mixer fein mahlen (Mie de pain). Magerquark mit Vanillemark, Zitronen- und Orangenabrieb und dem Eigelb vermengen. Ofen auf 200 °C vorheizen. Eiweiß mit Zucker steif schlagen. Mie de pain und das Eiweiß nach und nach unter die Quarkmasse heben. Blätterteig auf einem Küchentuch ausrollen und die Quarkmasse auf die untere Seite auftragen. Blätterteigränder mit Ei bestreichen und zusammenrollen. Übrige Blätterteigreste abschneiden. Quarkstrudel auf ein mit Backpapier bedecktes Backblech legen und für 20 Minuten in den Backofen geben bei 180 °C.

Für das **KOMPOTT** die Rhabarberstangen waschen, Enden abschneiden und die Hautstränge abziehen. Halbieren, in gleich große Stücke schneiden und zuckern. Erdbeeren, Orangensaft, Zucker, Weißwein, Zitronenschale, Vanillemark und die -schote im Topf bei mittlerer Hitze 6 bis 7 Minuten köcheln. Puddingpulver mit Wasser anrühren und in die Sauce geben. Erdbeersauce passieren. In die Erdbeersauce den gezuckerten Rhabarber ohne Saft geben. Kurz aufkochen lassen und anschließend beiseite stellen.

Für die **RHABARBERTARTES** eine Pfanne mit Backpapier auslegen. Blätterteig mit einer Ringform ausstechen. Die Blätterteigtaler mit einer Gabel einstechen. Rhabarberstangen vom Kompott, ohne Sauce, in der Mitte großzügig auftragen und in den Ofen geben für circa 20 Minuten bei 180 °C. Kurz vor dem Servieren die Rhabarbertartes mit der Sauce bestreichen.

Strudel aus dem Ofen nehmen, in Scheiben schneiden und zusammen mit dem Rhabarberkompott und den Tartes anrichten.

Amuse-Gueule

Mehlspeisen aus Österreich sind bei süßen Feinschmeckern sehr beliebt. So auch der **Strudel** aus dem Gebiet der Habsburger. Ursprünglich war es eine schneckenförmige, gewundene Mehlspeise. Im 16. Jahrhundert begannen Konditoren, den Strudel auch mit Früchten zu ergänzen oder mit Quark (Topfen) zu füllen.

Ergänzt mit Rhabarber, der reich an Vitamin C, Kalium und Kalzium ist und sich hervorragend für Diät- oder Fastenkuren eignet (13 Kalorien pro 100 g), schmeckt der Quarkstrudel frisch und raffiniert.

ECLAIRS: *Liebesknochen mit Vanillecreme gefüllt*

Zutaten

für den Brandteig:
250 ml Wasser
60 g Butter
150 g Mehl (Type 550)
4 Eier
Salz

für die Füllung:
400 ml Milch
Zucker
1 Vanilleschote
1 Pck. Vanillepuddingpulver

100 g Zartbitterkuvertüre
schokoliertes Brausegranulat

Kochutensilien

1 Stieltopf für den Teig
2 Töpfe für die Füllung & Wasserbad
3 Schüsseln für Teig, Pudding & Wasserbad
2 Spritzbeutel mit Sterntülle
Schneidebretter & scharfe Messer
Backblech mit Backpapier
Backpinsel
Küchenschere

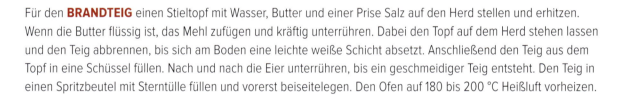

Für den **BRANDTEIG** einen Stieltopf mit Wasser, Butter und einer Prise Salz auf den Herd stellen und erhitzen. Wenn die Butter flüssig ist, das Mehl zufügen und kräftig unterrühren. Dabei den Topf auf dem Herd stehen lassen und den Teig abbrennen, bis sich am Boden eine leichte weiße Schicht absetzt. Anschließend den Teig aus dem Topf in eine Schüssel füllen. Nach und nach die Eier unterrühren, bis ein geschmeidiger Teig entsteht. Den Teig in einen Spritzbeutel mit Sterntülle füllen und vorerst beiseitelegen. Den Ofen auf 180 bis 200 °C Heißluft vorheizen.

Für die **FÜLLUNG** Milch, Zucker sowie das Mark einer Vanilleschote in einen Topf geben und erhitzen. Das Puddingpulver in etwas kalter Milch anrühren. Wenn die Milch im Topf zu kochen beginnt, das angerührte Puddingpulver hinzufügen und alles verrühren. Pudding kurz aufkochen lassen, vom Herd nehmen, in eine Schüssel geben und abkühlen lassen.

Ein Backblech mit Backpapier auslegen und längliche Eclairs aufspritzen. Dabei an den Enden der Eclairs etwas dicker werden. Nun das Backblech für circa 8 bis 10 Minuten in den Ofen geben.

In der Zwischenzeit die **SCHOKOLADE** über dem Wasserbad schmelzen.

Die fertigen Eclairs aus dem Ofen holen, mit der Schere aufschneiden und aufgeklappt kurz abkühlen lassen. Den **VANILLEPUDDING** in einen Spritzbeutel geben und die Eclairs damit befüllen. Zum Schluss die Schokolade auf die Eclairs pinseln und anschließend mit dem schokolierten Brausepulver bestreuen.

Amuse-Gueule

Eclaires, genannt Liebesknochen, Hasenpfote oder Kaffeestange, sind auch **eine originelle Liebeserklärung** zum Muttertag, Valentinstag oder beim ersten Date, wenn Sie sozusagen gerade der Blitz (franz. Éclair) getroffen hat. Eine leckere Köstlichkeit für alle Süßen!

Der **Brandteig** geht beim Backen besser auf, wenn zusätzlich in den Backofen eine kleine Schale mit Wasser gestellt wird. Achtung: Während des Backens den Ofen keinesfalls öffnen, da der Teig sonst zusammenfällt. Zum Befüllen die Teigstückchen sofort mit einer Schere auseinanderschneiden und die Hälften zum Abkühlen hinlegen. Fertig gebackener Brandteig kann im Übrigen problemlos eingefroren werden: Bei Zimmertemperatur dann wieder auftauen, fünf Minuten kurz aufbacken und befüllen. Fertig!

SOM

MER

Gegrillter SAIBLING, SEETEUFEL im Speckmantel und KALMARE mit mediterranem Salat

Zutaten

4 Seeteufelfilets
4 Scheiben Bacon
4 Kalmare
1 Saibling
Dill & Petersilie
2 Zitronen
Olivenöl & Weißwein
Pfeffer & Salz

für die Marinade:
½ Zitrone
Olivenöl
1 Zweig Rosmarin
1 Zweig Thymian

für den Salat:
1 Paprika & 1 Fenchelknolle
100 g getrocknete Tomaten
gemischte Blattsalate

Kochutensilien

1 Schüssel für die Marinade
1 Schüssel für den Salat
1 Mixgefäß
Schneidebretter
sauberes Küchentuch
Alufolie
Hobel
Stabmixer
scharfe Messer

Den Grill anheizen. Die **SEETEUFELFILETS** von der Haut befreien und in gleichgroße Stücke schneiden. Die Filets mit Pfeffer würzen und mit den Baconscheiben umwickeln. Die **KALMARE-TUBEN** aufschneiden, ausbreiten und auf der Außenseite leicht einritzen ohne durchzuschneiden. Für die **MARINADE** den Saft einer halben Zitrone, reichlich Olivenöl und je einen Zweig Rosmarin und Thymian in eine Schüssel geben. Die Kalmare zusammen mit dem Seeteufel einlegen. Den Fisch bei Zimmertemperatur bis zum Grillen marinieren lassen.

Den **SAIBLING** waschen, trocken tupfen, von außen und innen mit Salz und Pfeffer würzen; mit Dill, Blattpetersilie und der abgeriebenen Schale einer halben Zitrone füllen. Anschließend den Saibling auf ein großes Stück Alufolie legen, mit Olivenöl und nach Belieben mit einem Schluck Weißwein beträufeln und in der Alufolie einwickeln.

Für den **SALAT** den Fenchel putzen und in hauchdünne Scheiben in eine Schüssel hobeln. Die Paprika in ganz dünne Streifen, die getrockneten Tomaten klein schneiden und mit den gewaschenen Blattsalaten zum Fenchel geben.

Für das **DRESSING** eine halbe Zitrone auf der Schnittfläche angrillen, so dass sie etwas Farbe annimmt. Den Saft der gegrillten Zitrone, Olivenöl, Salz und Pfeffer in ein hohes Gefäß geben und mit dem Stabmixer aufmixen.
Den Saibling in der Alufolie bei indirekter Hitze auf den Grill legen und langsam garen. Die Kalmare und den Seeteufel noch einmal in der Marinade wenden und auf den Grill legen. Die Kalmare mit der eingeritzten Seite nach unten legen. Beim Grillen den Deckel schließen. Wenn das Grillgut gar ist, das Dressing über den Salat geben und anrichten. Alles vom Grill nehmen und mit dem Salat und einem Zitronensäckchen servieren.

Amuse-Gueule

Besonders gut **für den Grill geeignete Fische** sind Hering, Makrele, Wolfsbarsch, Forelle oder Heilbutt: Sie sind fettreich und festfleischig – und besitzen darüber hinaus wertvolle essentielle Fettsäuren. Generell liefert Fisch mit seinem hohen Eiweißgehalt Mineralsalze, Spurenelemente wie Jod und Eisen, sowie die Vitamine A, B, C und D.

Lachs, Schwertfisch und Thunfisch dagegen besitzen eine Festigkeit ähnlich wie Fleisch und können deshalb gut als Steaks gegrillt werden. Ebenso Meerestiere wie Tintenfische und Garnelen. Beachten Sie aber, dass Fisch eine kürzere Garzeit hat – mit niedrigerer Temperatur.

GRILLWÜRSTE: *Wurstspieße mit Speck – Nürnberger mit Käse überbacken – Mit Brät gefüllte Paprika*

Zutaten

für die Wurstspieße:
4 Wiener Würstchen
16 Scheiben Bacon
1 gelbe Paprika
1 grüne Paprika
1 Zwiebel
1 Knoblauchzehe
Olivenöl

für die Paprikaschoten:
4 rote Spitzpaprika
4 rohe Bratwürste

für die Nürnberger:
12 Nürnberger Würstchen
4 Scheiben Edamer Käse

für die Zwiebelmarmelade:
4 rote Zwiebeln oder 8 Schalotten
Weißwein
Thymianzweig
Zucker
Pfeffer & Salz

Kochutensilien

1 Pfanne für die Marmelade
1 Pfanne für Gemüse und Zwiebeln
4 kleine Auflaufförmchen
8 Holzspieße
4 Schaschlikspieße
Schneidebretter
sauberes Küchentuch
scharfe Messer

Den Grill anheizen. Die Holzspieße in Wasser einweichen, damit sie später auf dem Grill nicht verbrennen.

Für die **WURSTSPIESSE** die gelbe und grüne Paprikaschote waschen, Kernhaus entfernen und in grobe Stücke schneiden. Die Zwiebel schälen, vierteln und grob in die einzelnen Schichten zerlegen. Eine Pfanne aufstellen, Paprika- und Zwiebelviertel in Olivenöl kurz andünsten, mit einer angedrückten Knoblauchzehe, Salz und Pfeffer würzen. Die Wiener auf die Breite der Bacon-Scheiben schneiden und die Stücke in den Bacon einwickeln. Nun abwechselnd Würstchen, Paprika und Zwiebel auf die 8 Holzspieße stecken.

Für die **MIT BRÄT GEFÜLLTEN PAPRIKA** die Schoten oben aufschneiden, das Kernhaus herausnehmen und einfach mit dem Inhalt aus den rohen Bratwürsten befüllen.

Die **NÜRNBERGER WÜRSTCHEN** nacheinander auf die Schaschlik-Spieße aufreihen damit sie beim Grillen nicht durch den Rost fallen. Die Nürnberger, die gefüllten Paprika und die Spieße auf den Grill geben, den Deckel schließen und garen. Zwischendurch das Grillgut wenden.

Zu den überbackenen Nürnbergern gibt es eine **ZWIEBELMARMELADE**. Dafür die roten Zwiebeln oder Schalotten schälen, vierteln und in grobe Streifen schneiden. In der Pfanne mit Olivenöl, etwas Zucker karamellisieren lassen, mit Salz, Pfeffer und einem Thymianzweig würzen. Mit Weißwein ablöschen. Die Zwiebeln langsam einkochen lassen. Anschließend die Zwiebelmarmelade in die kleinen Auflaufförmchen geben, die vorgegrillten Nürnberger von den Spießen ziehen und auf die Zwiebeln geben. Jetzt die Würstchen mit Käse bedecken und zum Überbacken auf den Grill geben.

Alles, was bereits gar ist, wird zum Warmhalten auf die Seite gezogen. Wenn der Käse auf den Nürnbergern leicht gebräunt ist, sollte alles fertig sein. Mit Baguette servieren.

Amuse-Gueule

Schon beim Einkauf sind **rohe Bratwürste** zu behandeln wie Hackfleisch. Da sie eine hohe Verderblichkeit haben, immer frisch einkaufen, kühl transportieren und sofort verzehren oder gleich einfrieren. Außerdem haben sie im Allgemeinen einen hohen Fettanteil. Kleiner Trick: die Würste halbieren und auf den Schnittflächen grillen, so läuft das überschüssige Fett heraus. Für eine schöne goldgelbe Farbe mit Milch bepinseln und mit Wasser oder Malzbier übergießen, um sie vor dem Austrocknen zu schützen.

GRILLHÄHNCHEN *auf der Dose und Kartoffeln in Salzkruste*

Zutaten

1 Grillhähnchen (1200 g)
200 g saure Sahne
½ Zitrone
1 Bund Schnittlauch
Pfeffer & Salz

für die Kartoffeln mit Salzkruste:
4 große, mehlige Kartoffeln
800 g Meersalz
8 Lorbeerblätter
3 Eier

für die Marinade:
1 Knoblauchzehe
Sojasauce
Honig
Chilipulver
1 Dose Bier
Olivenöl
Rosmarin & Thymian

Kochutensilien

1 Schüssel für die Marinade
2 feuerfeste Auflaufformen
1 Schüssel für das Salz
1 Schüssel für die Crème
Schneidebretter
sauberes Küchentuch
scharfe Messer

Zu Beginn den Grill anheizen. Für die **KARTOFFELN IN DER SALZKRUSTE** die Kartoffeln längs von oben einschneiden und pro Kartoffel 2 bis 3 Lorbeerblätter einstecken. Für die Salzkruste das grobe Meersalz in eine Schüssel geben und mit dem vorab getrennten Eiweiß vermengen. Den Boden einer feuerfesten Form mit etwas Eiweiß-Salz-Mischung bedecken, die Kartoffeln darauflegen und mit der Salzmischung abdecken, so dass die Kartoffeln komplett bedeckt sind. Das Ganze auf den Grill geben und den Deckel schließen.

Für die **MARINADE** eine Knoblauchzehe andrücken und mit reichlich Sojasauce, Honig, Chilipulver, etwas Bier aus der Dose und Olivenöl in eine kleine Schüssel geben und vermengen. Den frischen Rosmarin und Thymian abzupfen, kleinhacken und zur Marinade geben.

Die geöffnete Bierdose auf eine feuerfeste Form stellen, das **HÜHNCHEN** fest daraufsetzen und mit der Marinade bepinseln. Den Hals mit einem Spieß verschließen, damit das Bier nicht ausdampft. Die Form mit der Dose und dem Hühnchen neben die Kartoffeln auf die indirekte Seite des Grills stellen und den Deckel wieder schließen. Je Kilogramm Hähnchen braucht es circa 50 Minuten zum Garen. Das Grillhähnchen ab und zu mit der Marinade einstreichen und darauf achten, dass es nicht verbrennt. Nun noch den **SAUERRAHM** mit dem Saft einer halben Zitrone, Salz und Pfeffer abschmecken. Frischen, klein geschnittenen Schnittlauch dazugeben und verrühren.

Zum Anrichten die Salzkruste mit einem spitzen Gegenstand aufbrechen, die Kartoffeln herausholen und auf die Teller geben. Den Sauerrahm über die Kartoffeln geben, das Hähnchen tranchieren und die Stücke verteilen.

Amuse-Gueule

Hähnchen sind aufgrund ihres hohen Eiweißgehaltes schnell verderblich. Sollten Sie gefrorenes Hähnchen verwenden, dieses zügig verarbeiten und beim Auftauen in ein Sieb legen, damit das Fleisch nicht direkt in Berührung mit der häufig bakterienhaltigen Flüssigkeit kommt. Oft besteht die Schwierigkeit auch darin, das Huhn gleichmäßig gar zu bekommen. Versuchen Sie es mal mit einem Drehspieß. Wenn Sie nur Teile auf den Grill legen, reichen oft 5 bis 10 Minuten Garzeit von beiden Seiten für ein Hähnchen. Ein Austrocknen des Fleisches können Sie mit einer Marinade (Erdnuss- und Sonnenblumenöl sind für hohe Temperaturen sehr gut geeignet) oder durch Spekkumwicklung verhindern. Geflügel sollte man immer gut durchbraten, Ausnahme ist die Entenbrust.

RIB-EYE-STEAK *und Schweinenackensteak mit Knoblauchkartoffeln (klassisch)*

Zutaten

4 US Rib-Eye-Steaks
4 Schweinenackensteaks
Olivenöl
Kürbiskernöl
2 Zitronen
grober Pfeffer
Pfeffer & Salz

für die Kräuterbutter:
verschiedene frische Kräuter
250 g Butter
1 Zitrone

für die Knoblauchkartoffeln:
Drillinge/Kartoffeln
2 Knoblauchzehen
Rosmarin
Meersalz

Kochutensilien

1 Schüssel für die Kräuterbutter
1 feuerfeste Form für die Kartoffeln
1 Schüssel für die Marinade
Schneidebretter
sauberes Küchentuch
Alufolie
scharfe Messer

Das Fleisch und die Butter circa 1,5 Stunden vor dem Grillen aus dem Kühlschrank nehmen und auf Zimmertemperatur bringen. Den Grill anheizen.

Für die **KRÄUTERBUTTER** die Kräuter fein hacken und mit der zimmerwarmen Butter, dem Saft einer Zitrone sowie etwas Kürbiskernöl für einen nussigen Geschmack verrühren. Die Butter mit Salz und Pfeffer abschmecken; bis zum Grillen kühl stellen.

Für die **KNOBLAUCHKARTOFFELN** den Knoblauch schälen und die Zehen in feine Scheiben schneiden. So viel Olivenöl in eine feuerfeste Form geben, dass der Boden bedeckt ist, mit Meersalz und Rosmarinnadeln bestreuen, darüber die Knoblauchscheibchen gleichmäßig verteilen. Die Kartoffeln mit der Schale halbieren und mit der Schnittfläche nach unten auf den Knoblauch legen. Die feuerfeste Form auf den Grill stellen, den Deckel schließen und bei circa 300 °C garen. Wenn der Grill keinen Deckel besitzt, die Form einfach mit Alufolie abdecken.

Für die **MARINADE** etwas Kürbiskernöl zusammen mit dem Saft einer Zitrone in eine Schüssel geben und verrühren.

Die **STEAKS** mit Salz und nach Belieben mit Pfeffer würzen. Der Pfeffer wird durch das Grillen leicht bitter. Wer diesen Geschmack nicht mag, bestreut die Steaks einfach im Anschluss an das Grillen mit grob gemahlenem Pfeffer. Fleisch mit Olivenöl benetzen. Die Grilltemperatur auf circa 320 bis 330 °C anheizen, die Steaks auflegen und den Deckel wieder schließen. Wenn das Fleisch auf beiden Seiten Farbe angenommen hat, mit der Marinade einpinseln und auf indirekter Hitze circa 8 bis 10 Minuten weitergrillen, bis es den gewünschten Gargrad erreicht hat. Die Steaks zusammen mit den Knoblauchkartoffeln, einer Zitronenscheibe und der Kräuterbutter servieren.

Amuse-Gueule

Ein perfekt gegartes **Rindersteak** (3 cm dick) ist nicht nur beim Grillen die hohe Schule der Kochkunst! Saftig und schmackhaft sind Rib-Eye- und Hüftsteaks, etwas kerniger, aber genauso gut zum Grillen geeignet sind Chateaubriand-, Entrecôte- und T-Bone-Steaks. Nicht vergessen, immer den Fettrand einzuritzen. Entscheidend für ein saftiges Steak ist die Marmorierung des Fleisches. Mit vielen Fettadern durchzogen ist es meist besonders zart. Wer es noch zarter mag, verwendet am besten Roastbeef. Fleisch hat einen hohen Eiweißanteil und ist gleichzeitig reich an Mineralstoffen wie Eisen und Zink.

Fleisch, das fahl in der Farbe ist, hat bereits viel Fleischsaft verloren – daran erkennen Sie, dass es von minderer Qualität ist. Gleichzeitig ist es oft dunkler und klebrig. Hände weg!

GEGRILLTER LACHS *mit Orangen-Fenchel-Salat und Grillbutter*

Zutaten

800 g Lachs
Mehl
Pfeffer & Meersalz

für die Marinade:
Olivenöl
½ Zitrone
1 Zweig Rosmarin
1 Zweig Thymian

für den Salat:
1 Fenchel
1 Orange & 1 Zitrone
weißer Balsamico
Olivenöl & rosa Pfeffer

für die Grillbutter:
150 g Butter
1 Zweig Thymian & Rosmarin
1 Knoblauch
½ Zitrone & ½ Orange

Kochutensilien

1 Schüssel für die Marinade
1 Schüssel für die Grillbutter
1 Schüssel für den Salat
Schneidebretter
sauberes Küchentuch
Küchenkrepp
Hobel
Backpapier
scharfe Messer

Den Grill anheizen. Für die **MARINADE** reichlich Olivenöl, den Saft einer halben Zitrone, Salz, Pfeffer und je einen Zweig Rosmarin und Thymian in eine Schüssel geben. Den Lachs schuppen, in 4 gleiche Teile schneiden und in die Marinade legen. Den Fisch ab und zu in der Marinade wenden. In der Zwischenzeit die Butter aus dem Kühlschrank nehmen, in eine Schüssel geben und auf Zimmertemperatur anwärmen.

Für den **SALAT** den Fenchel putzen und in feine Scheiben hobeln. Je feiner, desto besser. Das Fenchelgrün nicht wegwerfen. Orangen- und Zitronenschale abreiben und zum Fenchel geben. Diesen mit weißem Balsamico, Salz, Pfeffer, Olivenöl und dem Saft einer Orange abschmecken. Nun noch etwas rosa Pfeffer in der Hand andrücken und zum Fenchel geben. Nach Belieben kurz vor dem Anrichten noch einmal nachwürzen.

Für die **GRILLBUTTER** das Fenchelgrün zusammen mit etwas Thymian, Rosmarin und Knoblauch fein schneiden und unter die angewärmte Butter mischen. Den Saft einer halben Zitrone, Orangenschalenabrieb, Meersalz und Pfeffer zur Butter geben, unterrühren, anschließend abschmecken. Nun die Grillbutter auf Backpapier geben, zur Rolle formen und bis zum Essen kalt stellen.

Den **LACHS** aus der Marinade nehmen und mit Küchenkrepp trocken tupfen. Anschließend die Filets leicht mehlieren und mit der Hautseite auf den Grill legen. Dabei darf der Grill nicht zu heiß sein. Kurz vor Schluss den Lachs einmal wenden und fertig garen. Den Lachs auf die Teller geben, den Fenchelsalat dazu reichen und die Grillbutter in Scheiben zum Lachs anrichten.

Amuse-Gueule

Fisch mariniert man 2 bis 3 Stunden und wendet ihn dabei mehrmals. Fehlt die Zeit dazu, kann man den Fisch mehrmals einschneiden und diese Einschnitte oder die Bauchhöhle mit Kräutern, Zitronen- oder Limettenspalten sowie mit gewürzter Butter füllen.

Tipps fürs **Grillen**: Den Grillrost für Fisch mit größerem Abstand über die Glut hängen. Fische gut trocken tupfen und ganze Fische 3 bis 4 mal vorher einschneiden. Damit der Fisch nicht so leicht zerfällt, Grillschale oder Fischgriller verwenden. Wenn er sich von den Gräten löst, ist er fertig.

Fisch muss nicht zwingend durchgebraten werden. Thunfisch wird sogar »englisch« serviert.

HALLOUMI *und gegrilltes Gemüse*

Zutaten

500 g Halloumi (halbfester Käse aus Kuh-, Schafs- oder Ziegenmilch)
Pfeffer & Salz

für die Marinade:
Olivenöl
Ingwer
1 Zweig Thymian & Rosmarin
1 Zitrone

für das Gemüse:
200 g Champignons
1 Zwiebel & 1 rote Paprika
1 Aubergine & 1 Karotte
1 Zuchini & 1 Radicchio
Grüner Spargel
Olivenöl
1 Zitrone
Honig & gemischte frische Kräuter

für den Dip:
1 Becher Joghurt
100 g Crème fraîche
1 Zitrone

Kochutensilien

3 Schüsseln zum Marinieren
1 Schüssel für den Dip
Schneidebretter
sauberes Küchentuch
Schaschlik-Spieße
scharfe Messer

Den Grill anheizen. Den **HALLOUMI** in dicke Scheiben schneiden. Für die **MARINADE** eine halbe Tasse Olivenöl, angedrückten Ingwer, Thymian- und Rosmarinzweig sowie etwas Zitronenschale in eine Schüssel geben, miteinander verrühren und die Halloumi-Scheiben in die Marinade geben.

Für den **DIP** den Joghurt und die Crème fraîche in eine zweite Schüssel geben, mit Salz, Pfeffer und Zitronensaft glatt rühren.

Das **GEMÜSE** waschen, putzen und in grobe Stücke schneiden. Radicchio vierteln, dabei den Strunk nicht entfernen. Die Champignons putzen und auf die Schaschlik-Spieße stecken. Olivenöl, Zitronensaft, Salz und Pfeffer in eine Schüssel geben und verrühren. Das Gemüse, bis auf den Radicchio, durch die Marinade ziehen, kurz bevor es auf den Grill kommt. Zitronensaft, Honig, Kräuter, Olivenöl, Salz und Pfeffer als **MARINADE FÜR DEN RADICCHIO-SALAT** aufrühren und mit dem Salat vermengen.

Wenn die Vorbereitungen abgeschlossen sind, das Gemüse und den Halloumi auf den Grill legen und bei niedriger Temperatur grillen. Zwischendurch das Gemüse und den Käse wenden, bis die gewünschte Farbe erreicht ist. Alles zusammen auf einer Grillplatte servieren. Den Dip in extra Schälchen füllen und zum Gemüse reichen.

Amuse-Gueule

Am besten reifes, aromatisches **Gemüse** vom Wochenmarkt oder aus der PERFETTO-Feinkostabteilung verwenden – gut erkennbar an Größe, Farbe, Form sowie Festigkeit und Geruch. Es sollte allerdings gleich verarbeitet werden. Darauf achten, dass Gemüsesorten auf dem Spieß ähnliche Garzeiten haben (zum Beispiel Karotten evtl. vorkochen). Nicht mit Öl oder Butter sparen, das unterstützt den Geschmack. Bitteres Gemüse wie Chicorée in Honig oder Zucker marinieren.

Vorteil des **Gemüse-Grillens**: Einige Gemüsearten oder auch Pilze bestehen zu 90 Prozent aus Wasser und schmecken deshalb auch sehr saftig. Um die Nährstoffe zu erhalten, das Gemüse bei niedriger Temperatur garen. Zucchini und Auberginen eignen sich besonders gut. Aber Hände weg von Rüben oder diversen Kohlarten!

Der ursprünglich vor allem aus Schafskäse hergestellte **Halloumi** ähnelt Mozzarella – ist aber würziger und fester. Dieser Käse hat einen Salzgehalt von circa 2 bis 3 Prozent, wodurch er bis zu einem Jahr haltbar ist. Halloumi aus reiner Kuhmilch ist kürzer haltbar. Für die Küche ist Halloumi wertvoll, weil er beim Erhitzen nicht schmilzt. Daher eignet er sich besonders gut zum Grillen oder Braten.

GERÄUCHERTE FORELLE *und geräuchertes Schweinefilet*

Zutaten

1 Forelle
1 Schweinefilet
10 Wacholderbeeren
6 Zweige Thymian
Dill
1 Zitrone
Pfeffer & Salz

für den Gurkensalat:
1 Salatgurke
1 Zitrone
Dill
Olivenöl
weißer Balsamico
Honig
Senf

Kochutensilien

2 Schüsseln zum Marinieren
1 Schüssel für den Gurkensalat
4 Schaschlik-Spieße
Schneidebretter
sauberes Küchentuch
Hobel
Alufolie
Räucherspäne
scharfe Messer

Den Grill anheizen. Um das Schweinefilet und die Forelle für das Räuchern vorzubereiten, werden diese in einer **LAKE** mariniert. Für die Lake stellt man sich zwei Schüsseln bereit, eine für das Fleisch und eine für den Fisch. In diese kommen je zwei Tassen Wasser mit je zwei Esslöffeln Salz, Thymianzweigen und angedrückten Wacholderbeeren.

Das **SCHWEINEFILET** in 4 lange Streifen schneiden und in eine der beiden Schüsseln geben. Die ausgenommene Forelle in die zweite Schüssel geben und beides circa eine Stunde lang marinieren. Im Anschluss die Schweinefiletstreifen in Wellen auf die Schaschlik-Spieße stecken. Den Bauchraum der **FORELLE** mit Thymian, Dill und Zitronenschale füllen. Aus der Alufolie eine kleine Schale formen, mit circa 4 Esslöffeln der Räucherspäne füllen und ein paar der Wacholderbeeren dazugeben.

Die Forelle und die Filetspieße auf die indirekte Seite des Grills legen und die Räucherspäne auf die direkte Seite. Den Deckel schließen und das Grillgut circa 20 Minuten auf dem Grill räuchern. Zwischendurch das Ganze einmal wenden und darauf achten, dass der Grill nicht zu heiß ist.

Für den **GURKENSALAT** die Gurke waschen und dünn mit der Schale in eine Schüssel hobeln. Einen Schuss Olivenöl, weißen Balsamico und klein geschnittenen Dill zusammen mit je einem Teelöffel Senf und Honig glatt rühren. Unter den Gurkensalat heben. Nun mit Salz, Pfeffer und dem Saft einer Zitrone abschmecken und durchziehen lassen.

Den Salat zusammen mit den Filetspießen und der Forelle servieren.

Amuse-Gueule

Barbecue BBC-Garmethode: Große Fleischstücke werden in einer Grube oder in speziellen Barbecue-Smokern langsam bei gleichmäßiger Temperatur in der heißen Abluft eines Holzfeuers gegart (das Holz wird vorher verbrannt, so dass es nur noch glüht). Oft werden dabei sogenannte Wood Chips verwendet. Der Unterschied zum Grillen? Grillen findet direkt über der Glut bei circa 200 bis 300 °C statt. Beim Räuchern gart das Fleisch durch den heißen Rauch, dessen Temperatur bei 100 bis 130 °C liegt. So können größere Fleischstücke sogar bis zu 24 Stunden benötigen.

Geeignete Holzsorten zum Räuchern sind Buche, Akazie, Erle, Eiche, Esche, Birke. Jedes Holz verleiht dem Grillgut ein eigenes Aroma und individuellen Geschmack.

SPARERIBS – *Schälrippchen*

Zutaten

2,4 kg Rippchen
1 Zwiebelbaguette
Pfeffer & Salz

für die Marinade:
1 EL Honig
5 EL Tomatenmark
2 Lorbeerblätter
1 Chilischote
1 Zwiebel
1 Orange
1 Zitrone
2 Zweige Minze
Öl
Cola
Currypulver
Paprikapulver

Kochutensilien

1 große Schüssel für die Marinade
Schneidebretter
sauberes Küchentuch
Backpinsel
scharfe Messer

Den Grill anheizen. Zum Marinieren der Spareribs eine große Schüssel nehmen, in die alle Rippchen hineinpassen.

Für die **MARINADE** Honig, Tomatenmark, Lorbeerblätter, eine frische, in Ringe geschnittene Chilischote, etwas Currypulver nach Geschmack, etwas Öl, einen Schluck Cola sowie Salz, Pfeffer und Paprikapulver in die Schüssel geben und gut verrühren. Die Zwiebel schälen, fein würfeln und zur Marinade geben. Je eine Orange und Zitrone halbieren, den Saft mit der Hand in die Marinade pressen und die Schale mit in die Schüssel geben. Zum Schluss noch frische Minze in die Marinade geben und die vorgekochten **RIPPCHEN** darin einlegen. (Wenn man rohe Spareribs gekauft hat, können diese in Salzwasser oder Brühe circa 1 bis 1 ½ Stunden weich kochen.) Am besten legt man sie noch warm in die Marinade und lässt sie über Nacht durchziehen.

Wenn der Grill eine Temperatur von circa 80 °C erreicht hat, kommen die Rippchen mit der gewölbten Seite nach unten auf den Grill. Den Deckel schließen und nach circa 10 Minuten einmal wenden. Zwischendurch kann man die Rippchen hin und wieder mit der Marinade bestreichen. Wenn die Spareribs von allen Seiten schön braun sind, vom Grill nehmen und in kleinere Stücke teilen.

Als Beilage passt ein krosses Zwiebelbaguette. Die restliche Marinade kann in kleine Schälchen umgefüllt und als Dip serviert werden.

Amuse-Gueule

Spareribs sollten rundum mit Fleisch bedeckt sein und das Fett nicht gelb, sondern weiß (beim Einkauf darauf achten!). Denn je heller das Fett ist, desto jünger waren die Tiere. Vor dem Grillen unbedingt marinieren, den Rest der Marinade später als Dip verwenden. Die Spareribs nie zu heiß grillen, besser länger bei niedriger Temperatur. Zum Beispiel 2 bis 3 Stunden bei 120 °C, so bleiben sie sehr saftig. Regelmäßig wenden und, um die Garzeit zu verkürzen, vorher weichkochen. Nach der Zubereitung in einzelne Rippen zerschneiden, damit man sie gut in die Hand nehmen kann. In der kantonesischen Küche Südchinas (Provinz Guangdong) werden die Rippchen mit Speisefarbe rot gefärbt und als Char Siu mit einer süßlichen Sauce (Char-Siu-Sauce) serviert. Die Iren dagegen verspeisen ihre Spareribs mit Kartoffeln und Rübchen.

NUDELSALAT mit Pesto, BLATTSALAT mit gebratenen Pfifferlingen

Zutaten

200 g Penne
50 g getrocknete Tomaten in Öl
200 g frische Pfifferlinge
200 g gemischter Blattsalat
Basilikum & Dill
Schnittlauch & Blattpetersilie
Butter
100 g Vollkornbrot in Scheiben

für das Pesto:
150 g roher Blattspinat
50 g Basilikum
200 g Parmesan am Stück
Olivenöl
50 g Pinienkerne

für das Salatdressing:
Weißwein
Balsamicoessig
Olivenöl
Honig & Senf
Pfeffer & Salz

Kochutensilien

1 Topf für die Nudeln
2 große Salatschüsseln
2 hohe Gefäße zum Mixen
1 Pfanne für die Pfifferlinge
1 Pfanne für die Croûtons
Schneidebretter
sauberes Küchentuch
Stabmixer
scharfe Messer

Als Erstes die **NUDELN** nach Packungsanleitung garen, abgießen und in eine Salatschüssel geben.

Für das **PESTO** Blattspinat und Basilikum in einen hohen Behälter geben, den Parmesan grob zerkleinern und mit reichlich Olivenöl und den Pinienkernen mit dem Stabmixer gründlich pürieren. Das Pesto ohne Salz zubereiten, da es sonst grau wird. Die getrockneten Tomaten klein würfeln und zu den noch warmen Nudeln geben. Das Pesto unter die Nudeln rühren und zum Marinieren beiseite stellen.

Für das **DRESSING** zum Blattsalat: ½ Tasse Wasser, ½ Tasse Weißwein, etwas Balsamicoessig und 1 Tasse Olivenöl zusammen mit 1 Teelöffel Honig, 1 Esslöffel Senf, Salz und Pfeffer in ein hohes Mixgefäß geben. Mit dem Stabmixer vermengen, gegebenenfalls noch einmal nachwürzen.

Die **PFIFFERLINGE** putzen und in einer Pfanne in etwas Butter anbraten. In einer zweiten Pfanne die in Würfel geschnittenen Brotscheiben in Butter zu Croûtons braten. Den **SALAT** waschen und in eine Schüssel zupfen. Frische Kräuter wie Dill, Schnittlauch und Basilikum waschen, kleinschneiden und zum Salat geben. Vor dem Servieren den Nudelsalat noch einmal mit Salz und Pfeffer abschmecken und anrichten. Zu den Pfifferlingen kommt noch ein wenig klein geschnittene Petersilie.

Das Dressing vor dem Anrichten zum Blattsalat geben, unterheben und in Schüsseln füllen. Die Pfifferlinge und Croûtons abschließend über den Salat streuen.

Amuse-Gueule

Gerade im Sommer ist das Angebot an **Salaten** sehr vielseitig, es gibt glatte und krause Blattsalate (im Winter auf heimischen Feldern den beliebten Feldsalat). Alle Salate sollte man spätestens nach zwei Tagen aufbrauchen. Kühl, dunkel und bei hoher Luftfeuchtigkeit gelagert bleibt der Salat knackig frisch und behält seine Vitamine und Mineralstoffe.

Noch ein kleiner **Tipp**: Für Nudelsalat sollte man die Nudeln nicht in Wasser, sondern in Brühe kochen, das gibt ein intensiveres Aroma. Die Kochzeit um 2 Minuten verringern, damit sie nicht zu weich werden. Am besten einen Tag vorher zubereiten, damit alles gut durchziehen kann. Nudeln keinesfalls mit Öl kochen, damit sie Gewürze und Marinade noch optimal aufnehmen können.

BURGER *und Chicken Wings*

Zutaten

für den Burger:
500 g Rinderhack
3 Toastscheiben
1 Ei
4 große Burgerbrötchen
4 Salatblätter
Tomaten
dänische Gurkenscheiben
Zwiebeln
Tabasco
Salz & Pfeffer

für die Chicken Wings:
6-8 Chicken Wings
1 EL Tomatenmark
Honig
Zwiebelsalz
gemahlener Koriander
Pfeffer

für die Sauce:
2 EL Mayonnaise
1 TL geriebener Meerrettich
1 EL Tomatenmark
Spritzer Orangensaft
Olivenöl

Kochutensilien

1 Schüssel zum Marinieren
1 Schüssel für das Hackfleisch
1 Schüssel für die Sauce
Schneidebretter
sauberes Küchentuch
Küchenkrepp
Grillwender
scharfe Messer

Die **CHICKEN WINGS** mit kaltem Wasser gut abwaschen. Dann mit einem Küchentuch gut abtrocknen. Chicken Wings mit einem Gemisch aus Tomatenmark, Honig, Zwiebelsalz, Pfeffer, Koriander und Tabasco bestreichen und einige Zeit einziehen lassen.

HACKFLEISCH mit in Wasser eingeweichten Toastscheiben, Tabasco, Ei, Salz und Pfeffer zu einer glatten Masse verkneten. Mit angefeuchteten oder geölten Händen flache Buletten formen.

Grill anheizen. Bis der Grill heiß ist, die **SAUCE** vorbereiten. Dafür Mayonnaise, Olivenöl, Tomatenmark, geriebenen Meerrettich, einen Spritzer Orangensaft, Tabasco, Salz und Pfeffer vermengen.

Tomaten in Scheiben, Zwiebel in dünne Ringe schneiden und Salatblätter waschen und trocken tupfen. Pellets und Chicken Wings auf den heißen Grill legen, bis sie goldbraun sind. Anschließend die Brötchenhälften auf den Schnittflächen 1 Minute rösten. Burgerbrötchen mit Sauce bestreichen und mit Salatgarnitur nach Belieben belegen.

Amuse-Gueule

Geriebene Zwiebeln, Worcester- oder Chilisauce verfeinern den Geschmack des Hackfleisches und machen die **Hamburger** zusätzlich saftig und schmackhaft.

Die Burger sollten etwa 2 Zentimeter dick sein, da sie sich gerne »aufplustern« – dann einfach mit einem Teelöffel eine kleine Vertiefung eindrücken. Bei indirekter starker Hitze mit geschlossenem Deckel circa 8 bis 10 Minuten grillen. Nur einmal wenden, der richtige Moment ist dann, wenn man mit einem Grillwender darunter fahren kann. Burger und Chicken Wings sind sehr schnell gemacht, vielseitig belegbar und schmecken jedem!

NUDELSALAT *mit getrockneten Tomaten, Pinienkernen und Oliven –* COLESLAW *mit krossem Parmaschinken*

Zutaten

für den Nudelsalat:
250 g Nudeln
100 g Kirschtomaten
1 Knoblauchzehe
½ Bund Rucola
½ kleines Glas Oliven
½ Glas getrocknete Tomaten
weißer Balsamico
Pfeffer & Salz

für den Krautsalat:
½ Weißkohl
1 große Karotte
1 Zwiebel
frische Petersilie
150 g Joghurt
Zucker
Pfeffer & Salz

4 Scheiben Parmaschinken
Olivenöl
200 g Parmesan
1 Handvoll Pinienkerne

Kochutensilien

1 Topf für die Nudeln
1 Schüssel für den Krautsalat
1 Schüssel für das Dressing
1 Schüssel für den Nudelsalat
1 Pfanne für den Parmaschinken
Schneidebretter
sauberes Küchentuch
Hobel
scharfe Messer

Die **NUDELN** al dente kochen und anschließend erkalten lassen. Für den Krautsalat den **WEISSKOHL** putzen, waschen, vierteln und den Strunk entfernen. Den Kohl in feine Scheiben hobeln. Mit circa 1 Esslöffel Salz gut verkneten. Die Karotte waschen, schälen und in Streifen reiben. Zwiebel schälen und in feine Scheiben hobeln.

Für das **DRESSING** Joghurt, Salz, Pfeffer und eine Prise Zucker gut vermengen und mit Kohl, Karotte und Zwiebel mischen. Jetzt noch die geschnittene Petersilie unterheben. Zugedeckt im Kühlschrank ziehen lassen.

Nudeln mit weißem Balsamico, Pfeffer und Salz vermengen. Knoblauchzehe zerdrücken, Kirschtomaten halbieren, Oliven entkernen, getrocknete Tomaten in Streifen schneiden und zu den Nudeln hinzugeben. Rucola unterheben, alles gut vermengen und ziehen lassen.

Nun den **PARMASCHINKEN** in einer Pfanne mit etwas Öl kross braten. Die Salate vor dem Servieren nochmals abschmecken. Parmaschinken zum Krautsalat (Coleslaw) geben. Alles mit gehobeltem Parmesan und Pinienkernen bestreuen.

Amuse-Gueule

Coleslaw ist in England, Irland und den USA der Begriff für Krautsalat und weit verbreitet. Die dafür typische Sauce wird auf Basis von Mayonnaise hergestellt (muss aber nicht unbedingt sein!).

Auch die griechische Küche verwendet viel und oft Kraut oder Krautsalat als Beilage. Der Krautsalat wird fast immer aus Weißkraut zubereitet (seltener aus Rotkraut) und sowohl warm als auch kalt serviert. Da Kraut eine der ältesten Kulturpflanzen Europas ist, gab es Weißkrautsalat wahrscheinlich schon bei den Römern. Ideal zum Barbecue, zu Grill- und anderen Fleischgerichten ist Coleslaw nur die anglo-amerikanische Variante des beliebten deutschen Krautsalates.

GEBACKENER SCHAFSKÄSE *und gegrilltes Gemüse mit Dip*

Zutaten

für die Marinade:
1 Zitrone
Olivenöl

für den Dip:
1 Gurke
Joghurt
frischer Bärlauch oder Bärlauchpesto
200 g Feta-Käse
1 Baguette

Kirschtomaten
getrocknete Tomaten
frischer Basilikum
1 Zucchini
1 Aubergine
1 Paprika
Olivenöl
2 Romanasalatherzen
1 Radicchio
Pfeffer & Salz

Kochutensilien

1 Schüssel für die Marinade
1 Schüssel für den Dip
Schneidebretter
sauberes Küchentuch
Reibe
Sieb
scharfe Messer
Alufolie

Den Grill anheizen. Für den gebackenen **FETA-KÄSE** die Alufolie doppelt auslegen, den Feta in grobe Würfel schneiden und auf die Alufolie geben. Die Kirschtomaten waschen und im Ganzen, zusammen mit den getrockneten Tomaten, etwas Olivenöl, frischen Basilikumblättern, Salz und Pfeffer zum Feta geben. Die Alufolie nach oben hin zu einem Päckchen zusammenwickeln und die Enden aufstellen, so dass die Flüssigkeit nicht auslaufen kann. Anschließend das Päckchen auf den Grill legen und langsam garen.

Nun das **GEMÜSE** waschen, putzen, in grobe Stücke schneiden. Zucchini und Aubergine in dünne Scheiben, den Paprika in lange Streifen schneiden, den Romanasalat und Radicchio durch den Strunk vierteln. Für die **MARINADE** den Saft einer Zitrone, etwas hitzebeständiges Olivenöl mit je einer Prise Salz und Pfeffer in eine Schüssel geben und verrühren.

Für den **DIP** die Gurke waschen und mit der Schale fein raspeln. Die Gurkenstreifen durch ein feines Sieb drücken, die Gurkenessenz auffangen und in eine Schüssel geben. Joghurt, in feine Streifen geschnittenen Bärlauch, Salz und Pfeffer mit der Gurke zu einem Dip verrühren und ziehen lassen. Vor dem Anrichten noch einmal abschmecken. Wer keinen frischen Bärlauch bekommt, kann etwas Bärlauchpesto unter den Dip rühren.

Das klein geschnittene Gemüse, kurz bevor es auf den Grill kommt, durch die Marinade ziehen. Zuerst die Auberginen- und Zucchinischeiben auf den Grill legen, dann Paprika und die Salatherzen. Wenn das Gemüse eine schöne Färbung erreicht hat, zusammen mit dem Feta und den Tomaten auf einem großen Teller anrichten und mit dem Dip und frisch gebackenem Baguette servieren.

Amuse-Gueule

Vegetarische Alternativen bringen Abwechslung auf den Grill: vor allem Käse, Tofu, Paprika in Streifen, ganze oder gefüllte Tomaten, Champignons, Austernpilze, Spargel, Fenchel, Kartoffeln, Chicorée, Frühlingszwiebeln und vieles mehr. Die Amerikaner grillen sehr oft noch Maiskolben und Süßkartoffeln. Praktisch ist es, Grillspieße mit fingerdicken Gemüsesticks zu verwenden. So fallen die kleinen Teile nicht durch den Rost. Abgesehen vom Käse ist Grillgemüse eine kalorienarme Alternative.

SCHOKOLADENKUCHEN *mit* Mango-Ananas-Spieß

Zutaten

150 g Zartbitterschokolade
75 g Butter
1 Ananas
1 Mango
3 Eier
100 g Zucker
1 Prise Salz

100 g Mehl, gemischt mit
1 TL Backpulver
1 Bio-Limette
2 TL Puderzucker
Rum

Kochutensilien

1 Topf für das Wasserbad
1 Schüssel für den Kuchenteig
1 Schüssel für die Holzspieße
1 Schüssel für die Schokolade
4 Tassen
Schneidebretter
sauberes Küchentuch
Mixer
Küchenwaage
scharfe Messer
Holzspieße

SCHOKOLADE mit der Butter über einem heißen Wasserbad zum Schmelzen bringen und die Holzspieße in kaltes Wasser einlegen.

ANANAS schälen und längs vierteln. Den Strunk aus den Vierteln schneiden, Fruchtfleisch quer in 3 cm dicke Stücke schneiden. **MANGO** schälen, Fruchtfleisch vom Stein schneiden und in ebenso dicke Stücke schneiden. Ananas und Mango abwechselnd auf die Spieße stecken.

Die Tassen innen buttern und mit Zucker bestreuen. Die Eier trennen und die Eigelb unter die **SCHOKOLADEN-BUTTER-MISCHUNG** rühren, 2cl Rum zufügen und alles gut aufschlagen. Eiweiß mit einer Prise Salz zu steifem Schnee schlagen, dabei langsam den Zucker einrieseln lassen. Den Eischnee zusammen mit der Mehl-Backpulver-Mischung zur Schokomasse geben und behutsam unterheben.

Den Grill anheizen. Deckel schließen. **LIMETTE** heiß waschen und von der Schale 2 Teelöffel fein abreiben, 6 Esslöffel Saft auspressen. Limettenschale, -saft und Rum verrühren, Spieße damit rundum bestreichen und auf ein Blech legen.

Die Masse in die vorbereiteten Tassen geben und diese für 20 Minuten auf einem heißen Grill (geschlossener Grill) bei circa 160° C (niedrige Hitze) backen. Die letzten 5 bis 10 Minuten die Obstspieße auflegen. Anschließend den Kuchen auskühlen lassen, dann mit Puderzucker bestäuben.

Amuse-Gueule

Den großen **Aha-Effekt** bei Gästen erzielen Sie sicherlich **mit Süßem vom Grill**. Frisches Obst auf dem Rost ist ein idealer Abschluss für den Grill-Abend und sehr dekorativ. Die Resthitze ist ideal und schonend zum Grillen für Obst. Geeignet sind Bananen, Ananas, Pfirsiche, Äpfel, Birnen, Aprikosen und Nektarinen – generell Früchte (keine Beeren!), die nicht zu reif sind. Garzeit bei Früchten: 5 bis 10 Minuten beidseitig. Nie zu lange auf dem Grill lassen, sonst wird das Obst matschig.

Prinzipiell funktioniert ein Grill mit Deckel wie ein Backofen, die Hitze kommt von allen Seiten. So kann man sogar auf dem Grill Kuchen backen.

CREMA CATALANA *und Sangria*

Zutaten

für die Crema Catalana:
750 ml Milch
6 Eigelb
½ Zitrone
50 g Speisestärke
50 g Zucker
4–5 EL brauner Zucker zum Bestreuen

für die Sangria:
2 Flaschen Rioja-Rotwein
6 cl Grand Marnier
¼ l Orangensaft
1 Zitrone
2 Orangen
1 Limette
2 Nektarinen
1–2 Zimtstangen
1 EL Zucker

Kochutensilien

1 Schüssel für die Crema Catalana
1 Schlagkessel für die Crema Catalana
1 Topf für das Wasserbad
1 Schüssel für das Eiswasser
1 kleiner Topf
1 Bowlegefäß
Bunsenbrenner
Schneidebretter
sauberes Küchentuch
scharfe Messer

Für die **CREMA CATALANA** die Stärke in 150 ml Milch auflösen und mit einem Schneebesen glattrühren. Zucker und Eigelb in einem Schlagkessel schaumig schlagen und die Stärkemilch zufügen. Die restliche Milch mit dem Abrieb einer halben Zitrone in einem Topf zum Kochen bringen und zügig unter die Eiermasse rühren. Die Creme erneut auf den Herd stellen und unter ständigem Rühren so lange erhitzen, bis sie dicklich wird, aber nicht aufkochen lassen. Die Creme über dem vorbereiteten Wasserbad kalt rühren und in kleine Servierschalen füllen. Damit keine Haut entsteht, den braunen Zucker direkt über die Creme streuen und auf die Seite stellen. Vor dem Servieren die Creme mit dem Bunsenbrenner gleichmäßig abbrennen. Bei Bedarf noch ein wenig Zucker nachstreuen.

Für die **SANGRIA** ein wenig vom Rotwein in einem Topf erhitzen. Nach Geschmack 1 oder 2 Zimtstangen zugeben und den Zucker darin auflösen. Den restlichen Wein zusammen mit der Zuckerlösung in die Bowleschale geben und mit dem Saft der Zitrone und Orangensaft auffüllen. Das Obst für die Sangria waschen. Die Nektarine halbieren, entsteinen und in feine Streifen schneiden. Die Orangen und die Limette in feine Scheiben schneiden und mit den Nektarinen zum Rotwein geben. Zum Schluss den Grand Marnier in die Sangria gießen und durchziehen lassen. Die Sangria vor dem Servieren mit Eiswürfeln auffüllen.

Amuse-Gueule

Die **Crema Catalana** ähnelt der Crème Brûlée der Franzosen und findet sich schon in spanischen Kochbüchern des Mittelalters. Kein Wunder, denn für Spanier ist das Dessert der krönende Abschluss eines schönen Essens. Perfekt wird die Creme durch gleichmäßiges Rühren. Und die Masse nie aufkochen lassen, kurz davor immer vom Herd nehmen! Traditionell wird weder Sahne noch Eiweiß verwendet, deshalb lässt sie sich eine Weile im Kühlschrank aufbewahren. Allerdings erst kurz vor dem Servieren karamellisieren.

Oft ist es schon mal zu Pfingsten recht warm, da bietet sich die erfrischende **Sangria** an. Sie ist beinahe das spanische Nationalgetränk, aber jede Region hat so ihr eigenes Rezept. Rotwein, Eiswürfel, Fruchtsäfte und Spirituosen sind überall dabei. Achten Sie darauf, dass die Früchte immer reif und frisch sind, so wird sie aromatischer. Auch gibt es weiße Sangria, aus trockenem Weißwein, Orangen-, Bananen-, Pfirsich- oder Traubensaft sowie Likör 43 und Cointreau.

HER

BST

REHKEULE mit Pfifferlingen und Walnuss-Schupfnudeln

Zutaten

1 Rehkeule (ausgelöst)
400 g Wurzelgemüse (Zwiebeln, Karotten und Sellerie)
1 Schale Pfifferlinge
1 Bund Frühlingszwiebeln
400 g gekochte mehlige Kartoffeln
100 g Mehl
2 Lorbeerblätter
250 ml Rotwein

500 ml Geflügelfond
2 Eier
50 g gemahlene Walnüsse
50 g Schinkenspeck
1 EL saure Sahne
Butter
Pflanzenöl
Preiselbeermarmelade
1 Zweig Rosmarin
Wacholderbeeren
Kartoffelstärke
Muskat
Pfeffer & Salz

Kochutensilien

1 große Pfanne oder Bräter
1 Schüssel für den Teig
1 Topf für die Schupfnudeln
1 Pfanne für die Pfifferlinge
1 Pfanne für die Schupfnudeln
Schneidebretter
sauberes Küchentuch
Kartoffelpresse
Sieb
Küchengarn
Aluminiumfolie
scharfe Messer

Den Ofen auf 170 °C Umluft vorheizen. Die ausgelöste **REHKEULE** aufklappen, mit Salz und Pfeffer würzen sowie einen Rosmarinzweig hineinlegen. Anschließend die Keule wieder zusammenrollen und mit Küchengarn binden.

Das **WURZELGEMÜSE** waschen und in grobe Stücke schneiden. Öl in einer großen Pfanne oder einem Bräter erhitzen und die Rehkeule von allen Seiten anbraten. Das Wurzelgemüse zum Fleisch geben, die Wacholderbeeren mit dem Messerrücken andrücken und zusammen mit den Lorbeerblättern ebenfalls zur Keule geben. Das Ganze mit Rotwein ablöschen, mit dem Geflügelfond aufgießen, aufkochen lassen und für circa 1,5 Stunden in den vorgeheizten Ofen geben. Gelegentlich die Keule mit dem Bratensaft übergießen.

Die **PFIFFERLINGE**, wenn möglich, trocken putzen. Sind die Pilze sehr erdig, mit etwas Mehl bestäuben und mit kaltem Wasser abspülen. Anschließend gründlich abtropfen lassen.

Für die **SCHUPFNUDELN** die gekochten Kartoffeln pressen. Mit Mehl und Eiern zu einem geschmeidigen Teig kneten und mit Salz und Muskat würzen. Aus der Masse fingergroße Rollen formen und in Salzwasser 3 Minuten kochen, abschrecken und in Butter mit gemahlenen Walnüssen goldgelb braten.
Die Pfifferlinge ohne Fett in eine heiße, beschichtete Pfanne geben, bis sie etwas Flüssigkeit verlieren. Eine Butterflocke, Speck- und Zwiebelwürfel zu den Pfifferlingen geben, durchschwenken und mit Salz und Pfeffer abschmecken.

Den Rehbraten aus dem Ofen holen, die Keule in Alufolie wickeln und kurz ruhen lassen. Das Gemüse und die Sauce durch ein Sieb drücken, mit einem Esslöffel Preiselbeermarmelade und angerührter Kartoffelstärke abbinden und mit saurer Sahne abschmecken. Die Rehkeule in Scheiben schneiden und zusammen mit den Schupfnudeln, den Pfifferlingen und der Sauce servieren.

Amuse-Gueule

Herbst ist die Saison für **Wild**: Reh, Hirsch, Wildhase, Kaninchen, Wildschwein oder Wildgeflügel (Fasan, Ente, Taube). Davon ist Reh das beliebteste Wildbret für Feinschmecker. Das dunkelrot gefärbte, feinfaserige Fleisch ist vor allem ein Lebensmittel für Gesundheitsbewusste. Es ist sehr fett- und cholesterinarm und ein ausgezeichneter Eiweißlieferant. Gleichzeitig enthält das Fleisch wichtige Mineralstoffe, unter anderem Kalium, Phosphor, Eisen sowie wertvolle B-Vitamine. Einlegen in Rotwein oder Beizen mit Buttermilch – wie früher – ist heute überflüssig. Auch mit Speck spicken ist nicht nötig, das verletzt eher das zarte Fleisch. Lieber sollten Sie Wild würzen oder marinieren, das verleiht eine individuelle Geschmacksnote. Klassische Beilagen können ruhig kräftig sein: Preiselbeeren, Rahmsellerie oder Rotkraut.

OKTOBERFEST: DREIERLEI FINGERFOOD
1. Crostini mit Obatzda und Radieschen

Zutaten

150 g Camembert
4 Crostinis (oder ersatzweise
2 halbgebackene Baguettes)
1 Bund Radieschen
1 rote Zwiebel
1 rote Paprika
2 EL Schmand

1 Zitrone
Kümmel
Butter
Paprikapulver
Bier
Pfeffer & Salz

Kochutensilien

1 beschichtete Pfanne für die Crostinis
(Baguettes)
1 Schüssel für den Obatzda
Schneidebretter
sauberes Küchentuch
scharfe Messer

Das vorgebackene Baguette in dünne Scheiben schneiden und in einer beschichteten Pfanne in heißer Butter von beiden Seiten knusprig braten.

Für den **OBATZDA** den Camembert auf einem Schneidebrett mit der Gabel zerdrücken und in eine Schüssel geben. Je ein Viertel von der roten Paprika und der roten Zwiebel in ganz feine Würfel schneiden und zum Camembert geben. Den Obatzda mit etwas Paprikapulver, Salz und Pfeffer, einem Schluck Bier sowie 1 bis 2 Esslöffeln Schmand glatt rühren. Mit einer Messerspitze gemahlenem Kümmel abschmecken. Den Obatzda bis zum Anrichten in den Kühlschrank stellen.

Mit zwei Esslöffeln Nocken vom Obatzda abstechen und auf die Hälfte der Baguette-Scheiben legen. Die Radieschen – Menge nach Geschmack – in dünne Scheiben und feine Stifte schneiden und über den Obatzda streuen.

Amuse-Gueule

Oktoberfest: Seit 1810 ist die Wiesn in der bayerischen Landeshauptstadt München das alljährliche Volksfest. Angefangen hat es mit einem Pferderennen zur Hochzeit der Prinzessin Theresia, deshalb ist das Festgelände auf der Theresienwiese. Es wird dazu ein spezielles Bier gebraut die Wiesn-Maß, das mehr Stammwürze mit höherem Alkoholgehalt (6 bis 7 Prozent) hat. Und nicht zu vergessen die Wiesn-Brezl! All das und noch viel mehr kann man auf dem Münchner Oktoberfest (Ende September/Anfang Oktober) genießen. Wer jetzt glaubt, dass das alles nur ein mittlerweile in aller Welt bekanntes Riesenspektakel sei, war noch nie da ... Die Wiesn und ihr bayerischer Charme faszinieren immer wieder! »Es heißt nicht umsonst: In Bayern gehen die Uhren anders!«

OKTOBERFEST:
2. Backhendl in Kürbiskernpanade

Zutaten

4 Hähnchenbrüste
2 halbgebackene Baguettes
2 Eier
Mehl, Paniermehl, Kürbiskerne
200 g Kürbis
½ Zitrone
Essig
Zucker
Öl
Pfeffer & Salz

Kochutensilien

1 Topf für den Kürbis
1 Topf zum Frittieren
3 Schüsseln zum Panieren
Schneidebretter
sauberes Küchentuch
Küchenkrepp
scharfe Messer
Fingerfood-Spieße

Für die **BACKHENDL** die Hähnchenbrüste ohne Haut in grobe Würfel schneiden, mit Salz, Pfeffer und dem Saft einer halben Zitrone marinieren. Anschließend ähnlich wie ein Schnitzel zuerst mehlieren, in verquirltem Ei wenden und zum Abschluss in einer Mischung aus Paniermehl und kleingehackten Kürbiskernen wenden.

Den **KÜRBIS** schälen, von den Kernen befreien und in grobe Würfel schneiden, in etwa die gleiche Größe der Hähnchenwürfel. Die Kürbiswürfel in einen Topf mit je einer Tasse Wasser, Zucker und Essig geben und gar ziehen lassen.

Reichlich Öl zum Frittieren in einem Topf erhitzen und die Hähnchenwürfel darin ausbacken. Sie sind fertig, wenn sie oben schwimmen. Die fertigen Hähnchenwürfel aus dem Öl nehmen und auf Küchenkrepp abtropfen lassen. Anschließend je einen Kürbis- und Hähnchenwürfel auf Fingerfood-Spieße stecken und servieren.

Amuse-Gueule

Bayerische herzhafte Schmankerln wie Backhendl, Schweinshaxe, blaue Zipfel, Obatzda oder Wurstsalat sowie süße Gerichte wie Mohnstrudel, Dampfnudel mit Vanillesauce, Zwetschgendatschi oder Kaiserschmarrn sind typisch für die Wiesn. Ansonsten gibt's im Zelt die beliebten Grillhendl und natürlich für die Frühschoppenrunde – und nicht nur da – Weißwürste sowie Bratwürste mit Kraut oder Kartoffelsalat.

OKTOBERFEST:
3. Gebratene Weißwurstscheiben mit süßer Senfsauce

Zutaten

4 Weißwürste
1 EL süßer Senf
2 halbgebackene Baguettes
3 EL Schmand
Butter

Blattpetersilie
Pfeffer & Salz

Kochutensilien

1 Schüssel für den Dip
1 Pfanne für die Weißwürste
Schneidebretter
sauberes Küchentuch
Küchenkrepp
scharfe Messer

Die **WEISSWÜRSTE** in 1 cm dicke Scheiben schneiden und in einer Bratpfanne mit Butter von allen Seiten goldgelb braten. Währenddessen das Baguette aufbacken.

Für den **DIP** 2 bis 3 Esslöffel Schmand und einen Esslöffel süßen Senf verrühren und nach Belieben mit Salz und Pfeffer abschmecken.

Zum Anrichten die gebratenen Weißwurstscheiben auf die Baguette-Scheiben legen, mit der Senfsauce beträufeln und mit Blattpetersilie dekorieren.

Amuse-Gueule

Früher durfte die **Weißwurst** nicht später als zur Zeit des Mittagsläutens gegessen werden. Das gilt heute nur noch für die, die es ganz genau nehmen. Außerdem wird die Weißwurst entweder »gezutzelt« (gesaugt), das heißt: mit der Hand anfassen und den Inhalt mit den Zähnen aus dem Darm ziehen. Eleganter ist es, die Wurst längs mit dem Messer zu halbieren, so aus dem Darm zu schälen und dann in Stücken zu verspeisen. Nicht vergessen: Sie sind am Weißwurstäquator (scherzhafte Kulturgrenze zwischen Altbayern und dem übrigen Deutschland), also die Wurst mit süßem Senf, Brezn und Weißbier genießen!

AUFLAUF mit Karpfen, Paprikagemüse und Kartoffeln

Zutaten

4 Filets vom Karpfen je 300 g
500 g festkochende Kartoffeln
150 g Speck
200 ml Weißwein
50 g Butter
250 g saure Sahne
3 Zwiebeln

2 rote Paprikaschoten
4 Tomaten
1 Bund Petersilie
1 EL Mehl
Paprika edelsüß
Pfeffer & Salz

Kochutensilien

1 Schüssel für die saure Sahne
1 Topf für die Kartoffeln
1 Auflaufform
Schneidebretter
sauberes Küchentuch
Sieb
Küchenkrepp
scharfe Messer

Den Ofen auf 220 °C vorheizen. **KARTOFFELN** schälen, waschen und in Scheiben schneiden. In Salzwasser leicht gar kochen. Auf einem Sieb abtropfen und abkühlen lassen.

KARPFENFILETS unter kaltem Wasser abspülen, trockentupfen und an den Seiten einschneiden. Die Filets mit Salz und Paprika würzen. Eine große feuerfeste Form einfetten. Kartoffelscheiben hineinlegen und Fischstücke darauflegen. Speck und Zwiebel in dünne Scheiben schneiden. **PAPRIKASCHOTEN** vom Kernhaus und den weißen Häutchen befreien und in feine Streifen schneiden, **TOMATEN** in Scheiben. Zwiebeln, Paprikastücke und Tomatenscheiben nacheinander in die Form schichten. Weißwein zugießen. Butter in einem Topf zerlassen und darüber gießen. Form in den vorgeheizten Ofen auf die mittlere Schiene stellen. Garzeit circa 15 Minuten.

Form aus dem Ofen nehmen. Saure Sahne mit Mehl verrühren und mit Salz und Paprika edelsüß würzen.

Petersilie abspülen, trocken tupfen, die Hälfte hacken und in die Sahne rühren. Über das Gericht gießen und für 10 Minuten in den Ofen schieben. Den Auflauf vor dem Servieren mit der restlichen Petersilie garnieren.

Amuse-Gueule

Dieses Gericht der ungarischen Küche ist recht einfach und wie viele Aufläufe sehr sättigend. Traditionell werden viele Speisen mit Paprika, Zwiebeln und Tomaten gekocht, außerdem mit Schmalz und Speck. Gemüse und Salate werden eher seltener serviert, aber schmackhafte Saisonfrüchte wie Aprikosen, Pfirsiche, Kirschen, Melonen oder Himbeeren finden viel Verwendung. Dazu gehören ungarischer Wein und viel, viel Brot.

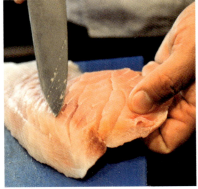  

BOHNENSUPPE

Zutaten

2 dicke Scheiben Kasseler
500 g getrocknete schwarze oder rote Bohnen
1 EL Butter
3 Karotten
3 Zwiebeln
2 Petersilienwurzeln
1 milde Chilischote

2 Knoblauchzehen
1 Lorbeerblatt
4 EL edelsüßes Paprikapulver
1 TL scharfes Paprikapulver
1 EL Mehl
Öl
Salz

Kochutensilien

3 Töpfe für Kasseler, Gemüse und Mehlschwitze
1 Schüssel und einen Topf für die Bohnen
Schneidebretter
sauberes Küchentuch
Sieb
scharfe Messer

GETROCKNETE BOHNEN 24 Stunden vorher in reichlich kaltem Wasser einweichen. Am Kochtag die Bohnen in ein Sieb schütten und unter fließendem Wasser abspülen. Je nach Packungsbeilage die Bohnen ohne Salz weichkochen. Sind die Bohnen weich, zwei Drittel des Kochwassers abkippen und alles beiseite stellen.

Für das **SUPPENGEMÜSE** die Karotten und Petersilienwurzeln schälen und in mundgerechte Würfel schneiden. Die Zwiebeln schälen und klein schneiden. Die Chilischote entkernen und in Stücke schneiden.

Das **KASSELER** in einen Topf geben und mit Wasser bedecken, ein Lorbeerblatt dazugeben und bei geringer Hitze garen. Dann das Fleisch herausnehmen, in kleine Würfel schneiden und zum Schluss in die Suppe geben.

Die Brühe durch ein Sieb passieren und auffangen. Öl in einem großen Topf erhitzen und die Zwiebeln glasig dünsten, das Gemüse und die Chilischote dazugeben. Das Paprikapulver mit anschwitzen und mit der Kasseler-Brühe und Wasser auffüllen.

Die Bohnen dazugeben, salzen und alles einmal aufkochen. Nun mit einer Mehlschwitze binden. Dazu die Knoblauchzehen schälen und fein hacken. Die Butter in einer Pfanne schmelzen, einen Esslöffel scharfes Paprikapulver und den Knoblauch kurz mit anschwitzen, das Mehl hineingeben und rühren. Mit etwas Wasser ablöschen und kurz aufkochen lassen. Dann die Mehlschwitze unter Rühren in die Bohnensuppe geben. Alles circa 10 bis 15 Minuten leicht köcheln lassen. Das Gemüse sollte nicht zu weich werden. Das kleingewürfelte Fleisch dazugeben und mit Salz abschmecken.

Amuse-Gueule

In Ungarn serviert man diese Bohnensuppe übrigens gern mit selber gemachten Nudeln oder Nockerln. Pflanzenkost wie Stangenbohnen sollten Sie im Bioladen kaufen. **Bohnen** besitzen einen hohen Proteingehalt und sind ein wertvoller Eiweißlieferant. Außerdem enthalten Bohnen kostbare Mineral- und Ballaststoffe sowie verschiedene Vitamine. Und sie sollten immer frisch zubereitet werden, sonst verlieren sie ihre »Knackigkeit«! Nach Wuchsart wird unterschieden zwischen Busch- und Stangenbohnen, weißen Bohnen (häufig für Suppen und Eintöpfe) oder roten Bohnen (für Chili con Carne oder Baked Beans). Achtung: Einige der in Stangenbohnen enthaltenen Kohlenhydrate können erst im Darm richtig abgebaut werden und führen häufig zu unangenehmer Gasentwicklung. Außerdem: Niemals roh verzehren!

SZEGEDINER GULASCH
mit Kartoffelpüree

Zutaten

1 kg Schweinefleisch vom Nacken
800 g Sauerkraut
150 ml Milch
3 große mehlige Kartoffeln
500 g Zwiebeln
1 Zitrone
1 Knoblauchzehe
½ TL Kümmel

30 g Butter
½ l Gemüsebrühe
Öl
Muskat
Pfeffer & Salz

Kochutensilien

2 Töpfe für Gulasch & Kartoffeln
Schneidebretter
sauberes Küchentuch
Kartoffelpresse
scharfe Messer

SCHWEINEFLEISCH und Zwiebeln in Würfel schneiden. Kümmel klein hacken und Knoblauch in feine Streifen schneiden. Topf mit Öl ansetzen und das Fleisch kräftig von beiden Seiten anbraten. Zwiebeln, Knoblauch, Zitronenschale und Kümmel hinzugeben und mit schwarzem Pfeffer würzen. Mit Gemüsebrühe ablöschen, Sauerkraut hinzugeben und eine Stunde leicht köcheln lassen.

KARTOFFELN in Würfel schneiden und in Salzwasser kochen. Fertig gekochte Kartoffeln mit einem Stampfer grob zerquetschen und mit heißer Milch und Butter, Salz und Muskat verfeinern. Porzellanschalen warm stellen, Püree und Gulasch getrennt anrichten.

Amuse-Gueule

In Ungarn ist **Szegediner Gulasch** sehr beliebt – ein Klassiker, obwohl das Gericht vermutlich aus der Wiener Küche stammt, da die Zusammensetzung mit Schweinefleisch der ungarischen Küche widerspricht. Ursprünglich wurde es nicht mit Paprika zubereitet. Der Name Szeged kommt auch nicht aus der gleichnamigen Stadt, wie immer zu lesen steht, sondern von dem Dichter József Székely (1825–1895). Serviert wird das Gulasch gern mit Klößen, Kartoffeln oder Weißbrot. Übrigens: Gulasch schmeckt am besten noch einmal aufgewärmt am nächsten Tag.

LANGOS *und Paprikahuhn*

Zutaten

für den Hefeteig:
500 g Weizenmehl
1 Würfel Hefe
100 ml Milch
2 TL Zucker

1 Hühnchen, zerlegt
2 Zwiebeln
3 Knoblauchzehen
120 g Speck
1 TL Weißweinessig
2 EL ungarisches Paprikapulver
100 ml Hühnerbrühe
Öl
Pfeffer & Salz

Kochutensilien

1 Pfanne für die Hühnchenteile
1 Schüssel für den Hefeteig
1 Topf für die Langos
Schneidebretter
sauberes Küchentuch
Küchenkrepp
scharfe Messer

Für den **HEFETEIG**: Mehl in eine Schüssel geben und eine Mulde eindrücken. In die Mulde die Hefe geben, mit lauwarmer Milch auffüllen, Zucker und eine Prise Salz hinzugeben, abdecken und ruhen lassen.

Backofen auf 180 °C vorheizen. Pfanne mit Öl erhitzen und die zerteilten **HÜHNCHENTEILE** mit der Haut nach oben anbraten. Zwiebeln, Knoblauch und Speck klein schneiden. Hühnchen aus der Pfanne herausnehmen. In der gleichen Pfanne die Zwiebeln mit dem Knoblauch anschwitzen. Weißweinessig, Paprikagewürz und einen Schuss Öl hinzufügen. Hühnchen wieder einsetzen und mit Brühe auffüllen. Kurz aufkochen, Speck darüber streuen und für 45 Minuten in den Ofen geben.

Den **HEFETEIG** kräftig kneten. Sollte der Teig noch an den Händen kleben, so lange Mehl vorsichtig unterkneten, bis der Teig sich gut verarbeiten lässt. Die Schüssel mit einem Tuch abdecken und ruhen lassen.

In einem großen Topf oder einer tiefen Pfanne das Öl erhitzen. Vom Teig kleine Stücke abreißen und zu flachen **LANGOS** (Fladen) ziehen. Bestenfalls sollten die Ränder etwas dicker bleiben. Die Fladen in das heiße Öl geben. Sobald die eine Seite Farbe bekommen hat, umdrehen und fertig backen. Aus dem Öl nehmen und auf Küchenkrepp abtropfen lassen. Zusammen mit dem Paprikahuhn servieren.

Amuse-Gueule

Paprikahuhn ist eine besondere Delikatesse aus der feineren ungarischen Küche. Ungarn haben gerne Gäste und die sollten wissen, dass man nach dem Mahl mindestens zweimal lobt. Einmal die ausgezeichnete Köchin (die man am besten schon mit Handkuss begrüßt hat) und beim zweiten Mal das tolle Menü. Im Übrigen eignet sich Hühnchen besonders gut als Schonkost. Das Fleisch ist sehr mager und für eine kalorienbewusste Ernährung perfekt. Das hochwertige Eiweiß des Geflügels wird zu 80 Prozent vom Körper aufgenommen. Es enthält zusätzlich viele Mineralstoffe wie Zink, Kalium, Eisen und Vitamine aus der B-Gruppe. Der Fettanteil ist sehr gering – ohne Haut hat Geflügel nur 1 Prozent Fett. Wichtig: immer durchgaren, Salmonellengefahr!

SCHWEINEFILET mit Steinpilzen und Kartoffelgratin

Zutaten

1 Schweinefilet
600 g frische Steinpilze
4–5 große Kartoffeln
200 ml Schlagsahne
Butter
2 Zweige Thymian
1 Bund Blattpetersilie

Olivenöl
Muskat
Pfeffer & Salz

Kochutensilien

1 Schüssel für die Kartoffeln
4 kleine oder 1 große Auflaufform
1 Pfanne für das Filet
1 Pfanne für die Pilze
Schneidebretter
sauberes Küchentuch
Hobel
scharfe Messer

Den Ofen auf 180 °C Umluft vorheizen. Für das **GRATIN** die Kartoffeln schälen und in dünne Scheiben hobeln. Diese in einer Schüssel mit Salz und Muskat würzen und mit Sahne übergießen. Mit den Händen kräftig kneten, damit die Stärke aus den Kartoffeln frei wird. Die Kartoffelscheiben in vier kleine oder eine große Auflaufform füllen und mit der restlichen Sahne auffüllen. Das Kartoffelgratin für circa 30 Minuten in den vorgeheizten Ofen geben und goldgelb backen.

In der Zwischenzeit das **SCHWEINEFILET** parieren, das heißt von Fett und Sehnen befreien. Anschließend das Filet rundum mit Salz und Pfeffer würzen. Eine Pfanne mit Öl und einer Butterflocke aufstellen, einen Thymianzweig hineinlegen und das Filet von allen Seiten anbraten und für circa 15 Minuten zum Gratin in den Ofen geben.

Die **PILZE** putzen, in grobe Stücke schneiden und in einer beschichteten Pfanne in reichlich Butter sanft anbraten. Dabei die Pfanne immer in Bewegung halten. Ganz zum Schluss erst die grob geschnittene Blattpetersilie zu den Pilzen geben und alles mit Salz und Pfeffer abschmecken.

Das Gratin aus dem Ofen nehmen und auf die Teller geben. Das Filet gegen die Faser aufschneiden und die Scheiben verteilen. Den Bratensaft vom Fleisch mit zu den Steinpilzen geben, umrühren und die Pilze über das Fleisch geben. Mit einem Thymianzweig dekorieren. Wir wünschen guten Appetit!

Amuse-Gueule

Waldpilze, auch Zuchtpilze, altern schnell. Maximal können sie 1 bis 2 Tage aufgehoben werden, aber besser ist es, sie sofort frisch zu verzehren. **Pilze** sollten immer frisch aussehen, nicht dunkel, verfärbt, schmierig, wässerig oder von weicher Konsistenz sein. Sie sollten auch nicht muffig oder gar faulig riechen. Steinpilze findet man von Juli bis Ende Oktober häufig in Nadelwäldern. Sie haben weißes Fleisch und schmecken sehr nussig. Pilze bestehen zu 90 Prozent aus Wasser, sind daher kalorien- und fettarm, enthalten Vitamin D und B_2, die wichtig für den Knochen- und Muskelaufbau sind. Pilze sind ideal für Vegetarier. Aber aufgepasst, denn Pilze sind relativ schwer verdaulich.

KARPFEN *in Bockbiersauce*

Zutaten

800 g Karpfenfilet ohne Haut
400 g kleine Kartoffeln
50 g Mandelblätter
etwas Stärke
Blattpetersilie
Butter
brauner Zucker
Pfeffer & Salz

für die Sauce:
1 Zwiebel
Öl
2 Lorbeerblätter
Wacholderbeeren
Lebkuchengewürz
400 ml Bockbier
100 ml Geflügelfond

Kochutensilien

1 Topf für die Kartoffeln
1 Stieltopf für den Fisch
1 Topf für die Sauce
1 beschichtete Pfanne für die Mandeln
Schneidebretter
sauberes Küchentuch
scharfe Messer

Zuerst die **SAUCE FÜR DEN KARPFEN** ansetzen. Dafür die Zwiebel schälen, in kleine Würfel schneiden und in einem Stieltopf in etwas Öl glasig anschwitzen. Zwei Lorbeerblätter, Wacholderbeeren und eine Messerspitze Lebkuchengewürz mit in den Topf geben, anschwitzen und mit dem Bier ablöschen. Die Geflügelbrühe hinzugießen und alles bei milder Hitze reduzieren lassen.

Die Kartoffeln als **PELLKARTOFFELN** kochen, bis sie gar sind, und pellen. Die **MANDELBLÄTTER** unterdessen in einer beschichteten Pfanne ohne Fett und mit etwas braunem Zucker anrösten. Die Mandeln auf einen Teller geben und auskühlen lassen.

Das **KARPFENFILET** waschen, von restlichen Gräten und den Bauchlappen befreien. Das Filet in 4 gleichgroße Teile schneiden, von beiden Seiten mit Salz und Pfeffer würzen und in die Sauce geben. Die Filets circa 6 bis 7 Minuten in der Sauce gar ziehen lassen. Nicht kochen, da der Fisch und die Sauce sonst ausflocken.

In der Pfanne nun die geschälten Kartoffeln in etwas Butter schwenken, auf die Teller verteilen und mit der klein geschnittenen Petersilie bestreuen. Den Karpfen aus dem Sud nehmen und zu den Kartoffeln geben. Die Sauce noch mit etwas in kaltem Wasser angerührter Stärke abbinden, mit einer Butterflocke verfeinern und mit den gerösteten Mandelblättern bestreuen. Mit einem Sträußchen frischer Blattpetersilie dekorieren und servieren.

Amuse-Gueule

Der Herbst ist die typische Zeit des Abfischens, denn überwiegend zur kalten Jahreszeit lassen die Teichbesitzer das Wasser ab, um vor dem Winter den Fischbestand zu ernten. Deutsche Zuchtformen des Karpfens sind zum Beispiel Schuppen-, Zeil- oder Spiegelkarpfen. Auch der **Karpfen** hat wertvolle Vitamine und Mineralstoffe, ist reich an Omega-3-Fettsäuren. Das kann blutdrucksenkend wirken, der Arterienverkalkung vorbeugen und die Gefahr eines Herzinfarktes verringern. Sie sollten darauf achten, dass der Karpfen immer gut gewässert ist, denn er kann sonst leicht modrig schmecken. Ein- oder zweimal in der Woche Fisch ist ideal für eine gesunde Ernährung!

KÖTTBULLAR *mit Sauce, Preiselbeeren und Salzkartoffeln*

Zutaten

500 g Hackfleisch
200 g Kartoffeln
2 Toastscheiben
1 Ei
Sahne
Butter

2 Schalotten
Paprikagewürz
Preiselbeeren
Pfeffer & Salz

für die Sauce:
750 ml Sahne
Kartoffelstärke

Kochutensilien

1 Pfanne für die Köttbullar
2 Töpfe für die Kartoffeln und die Köttbullar
2 Schüsseln für die Hackfleischmasse
Schneidebretter
sauberes Küchentuch
Eisportionierer
scharfe Messer

Die geschälten Kartoffeln in Salzwasser kochen. Für die **KÖTTBULLAR** in einer Schüssel den Toast in Sahne einweichen. Schalotten in Würfel schneiden. Hackfleisch mit Salz, Pfeffer und Paprika würzen. Die Toastscheiben aus der Sahne nehmen, zum Hackfleisch geben und mit einem Ei gut vermengen.

Mit Hilfe eines Eisportionierers kleine Hackfleischbällchen formen. Anschließend die Hackfleischbällchen mit Wasser angefeuchteten Händen nachformen. Bällchen für 8 bis 10 Minuten in köchelndes Salzwasser geben. Dann die Bällchen in einer Pfanne mit Butter von allen Seiten scharf anbraten. Die fertigen Hackbällchen in eine Schüssel geben und im Ofen kurz warm halten.

Für die **SAUCE** das Fett mit Wasser in der Pfanne ablöschen, unter Rühren die Sahne hineingießen. Aufkochen lassen. Kartoffelstärke mit etwas Wasser verrühren und die Sahnesauce damit eindicken. Nach Geschmack mit den Gewürzen abschmecken.

Köttbullar mit Sauce, Preiselbeeren und Kartoffeln anrichten und servieren.

Amuse-Gueule

Der schwedische National-Snack ähnelt unseren Frikadellen, nur dass er dort oft aus Elchfleisch hergestellt wird. Überhaupt ist **die schwedische Küche** unkompliziert und einfach. Geprägt von ländlicher Hausmannskost wie Käse, Brot, Wurst, Fischgerichten, Hackfleisch, Wild (Rentier, Elch), sowie einer Fülle an Süßspeisen und Backwaren. Verwenden Sie dort ruhig einmal »Mie de Pain« (französisch: geriebenes Weißbrot ohne Rinde) statt Semmelbrösel. In Schweden ist es allgemein üblich, sich von den Gerichten selbst auf dem Tisch zu bedienen. Auch beim Servieren von Kuchen darf jeder selbst abschneiden. Deshalb gilt es bei den Skandinaviern als unhöflich, Reste auf dem Teller zu lassen!

GEBRATENER LAMMSCHLEGEL *mit* *Ofentomaten und Erbsenpüree*

Zutaten

800 g Lamm ohne Knochen
400 g Erbsen (TK)
600 ml Sahne
Butter
2 große Fleischtomaten
2 Schalotten
2 Zweige Salbei
2 Zweige Rosmarin

2 Zweige Thymian
1 Knoblauchzehe
Olivenöl
Muskat
Zucker
Pfeffer & Salz

Kochutensilien

1 Pfanne für den Lammschlegel
2 Töpfe für das Erbsenpüree und die Ofentomaten
Schneidebretter
sauberes Küchentuch
Sieb
Garn
Stabmixer
scharfe Messer

Backofen auf 200 °C vorheizen. **FLEISCH** mit Garn umwickeln und mit Salz und Pfeffer würzen. Eine Schalotte schälen und achteln. Olivenöl zum Anbraten sowie 1 Zweig Thymian, Rosmarin, Salbei und die Schalottenwürfel in die Pfanne geben. Lamm von beiden Seiten kräftig anbraten und in den Backofen schieben.

Für das **ERBSENPÜREE** eine Schalotte schälen und in kleine Würfel schneiden. Butter und Schalottenwürfel in einen Topf geben und goldgelb dünsten. Erbsen hinzugeben und mit Sahne auffüllen, bis diese leicht bedeckt sind. Mit Salz, Pfeffer, Muskat, Zucker würzen und 15 Minuten köcheln lassen.

Topf mit Wasser erhitzen. **FLEISCHTOMATEN** oben und unten einritzen und für 10 Sekunden ins heiße Wasser geben, mit kaltem Wasser abschrecken und die Haut abziehen. Tomaten vierteln und das Kerngehäuse entfernen. Sahne abgießen, Erbsen pürieren und heiß stellen. Tomaten im Topf mit Salz, Pfeffer, Knoblauch und Olivenöl anschwitzen.

Lamm aus dem Ofen nehmen und in ein anderes Gefäß legen. Bratenfond mit den restlichen Tomaten und Gewürzen noch circa 5 Minuten schmoren.

Dekorativ anrichten und servieren, wir wünschen guten Appetit.

Amuse-Gueule

Das Rezept für den Lammschlegel kommt aus Norwegen. **Lammfleisch** stammt von Schafen, die jünger sind als 1 Jahr. **Hammelfleisch** geben Schafe, die älter als 1 Jahr, aber jünger als 2 Jahre sind und **Schaffleisch** kommt von den Tieren, die mindestens 2 Jahre alt sind.

Hals oder Nacken sind beim Lamm besonders saftig und eignen sich vorzüglich für Ragout und Gulasch. Um ein perfektes Stück Lamm auf den Teller zu zaubern, benutzen Sie ruhig ein Fleischthermometer. Bei einer Innentemperatur von 65 bis 70 °C ist das Lamm medium und servierfähig. Ein Austrocknen des Fleisches verhindert man durch regelmäßiges Übergießen mit Bratensaft.

DÄNISCHES SMÖRREBRÖD
und Matjessalat

Zutaten

8 Scheiben Räucherlachs
4 Scheiben Schwarzbrot
Olivenöl
Pfeffer & Salz

für die Marinade:
½ Zitrone
Gurkenwasser

für den Matjessalat:
250 g Matjesfilet
100 g Schweinebraten
1 Schalotte
2 Gewürzgurken
1 Apfel

für den Gurkensalat:
1 Salatgurke
4 EL Crème fraîche
2 EL Senf
1 EL Honig
Dill

Kochutensilien

1 Pfanne für das Smörrebröd
3 Schüsseln für Salat, Marinade und Dip
Schneidebretter
sauberes Küchentuch
scharfe Messer

MATJES von Mittelgräte und Schwanz befreien, halbieren und in mundgerechte Stücke schneiden. Apfel, Schalotte, Gewürzgurken und Schweinebraten in Würfel schneiden und hinzugeben. Für die Marinade einen Schluck Gewürzgurkenwasser, Zitronensaft, Salz und Pfeffer vermischen, unter den Salat heben und kühl stellen.

Für den **GURKENSALAT** die Gurke längs vierteln, Kerngehäuse entfernen und in Würfel schneiden. Senf, Honig, Crème fraîche, Dill, Salz und Pfeffer hinzugeben und ziehen lassen.

BROT in einer Pfanne mit Olivenöl goldgelb anbraten. Brotscheiben mit Gurkendip und Lachs belegen. Matjessalat vor dem Verzehr nochmals abschmecken.

Amuse-Gueule

Die Dänen haben nicht nur besonders gehaltvolle deftige Gerichte, auch Süßes hat einen festen Platz. Die Auswahl an Blätterteigvariationen ist gigantisch und die Creme-Füllungen nicht weniger berühmt. Ansonsten besteht die **dänische Küche** meist aus Fischkreationen, vielen Molkereiprodukten sowie Brot- und Backspezialitäten.

Die bekannteste ist Smörrebröd, das mit Lachs, Hering, Aal und allem Möglichen belegt wird, obenauf mit Senf- oder Gewürzgurken. Übrigens wird der **Matjes** dort vor Erreichen der Geschlechtsreife, in der Zeit von Mai bis Juli, gefangen, gekehlt und in Salzlake gelegt. In Dänemark hat die Salzlake 3 Prozent Salz, in Deutschland 12 Prozent. Wer es weniger salzig mag, sollte den Matjes vor dem Verzehr mit fließendem Wasser, Butter- oder Vollmilch »spülen«!

GLASIERTE PUTENBRUSTWÜRFEL *mit Kokos-Sauce, Wok-Gemüse und Duftreis (glutenfrei)*

Zutaten

- 400 g Putenbrust
- 1 Dose Kokosmilch
- 100 g Duftreis
- Butter
- 200 ml Weißwein
- 1 EL Honig
- Sesamöl
- Sojasauce

- 100 g Sprossen
- 1 Karotte, 1 Spitzkohl
- 1 Frühlingslauch, 1 gelbe Paprika
- Thai Basilikum
- Koriander
- 1 Chilischote
- Chilipulver
- Zucker
- Reisessig
- Pflanzenöl
- Pfeffer & Salz

Kochutensilien

- 1 Schüssel für die Putenwürfel
- 1 Pfanne für das Fleisch
- 1 Topf für den Reis
- 1 Stieltopf für die Sauce
- 1 Wok für das Gemüse
- Schneidebretter
- sauberes Küchentuch
- Hobel
- Stabmixer
- Kartoffelpresse oder Stampfer
- Küchenkrepp
- scharfe Messer

Die **PUTENBRUST** in grobe Würfel schneiden, in eine Schüssel geben und mit Sojasauce, Honig und Chilipulver marinieren.

Für das **WOK-GEMÜSE** die Karotte, den Lauch, Spitzkohl und die Paprika waschen und in gleich große, feine Streifen schneiden.

Für den **DUFTREIS** Wasser aufsetzen, mit 2 Esslöffeln Zucker, 1 Esslöffel Salz und etwas Reisessig abschmecken. Den Duftreis unter fließendem Wasser abspülen und in das kochende Essigwasser geben. Der Reis braucht circa 18 bis 20 Minuten, bis er gar ist.

Für die **KOKOS-SAUCE** einen Stieltopf aufstellen, den Wein erhitzen und auf die Hälfte reduzieren. Die Kokosmilch gut schütteln und zur Weißweinreduktion geben. Die Kräuter und die Chilischote klein schneiden, zur Sauce geben und diese mit Salz und Zucker abschmecken.

Die Putenwürfel aus der Marinade nehmen und auf Küchenkrepp abtrocknen lassen. Neutrales Pflanzenöl in einer Pfanne erhitzen und das Fleisch bei mittlerer Temperatur von allen Seiten anbraten. Die Marinade in die Pfanne geben und die Putenwürfel bei ganz kleiner Hitze gar ziehen lassen.

Pflanzenöl im Wok erhitzen und das Gemüse darin anschwitzen. Zuerst das Gemüse hineingeben, das etwas länger braucht, erst ganz zum Schluss die Sprossen mit Sesamöl und Sojasauce abschmecken.

Die Sauce passieren, etwas kalte Butter zugeben und mit dem Stabmixer aufmixen. Zum Anrichten den Reis in die Mitte des Tellers geben und mit der Kelle eine Mulde hineindrücken. Das Gemüse in die Mulde geben und die Putenwürfel auf das Gemüse legen. Nur noch mit einem Koriandersträußchen dekorieren – fertig.

Amuse-Gueule

Wenn Sie an einer **Glutenunverträglichkeit** leiden (Zöliakie), einer chronischen Erkrankung des Dünndarms, müssen Sie Nahrungsmittel mit dem Klebereiweiß Gluten vermeiden, das heißt Sie sollten auf Back- und Teigwaren aus Weizen, Dinkel, Roggen, Gerste, Hafer, Grünkern, aber auch auf Nudeln oder Bier verzichten. Nur wenn Sie als Betroffener immer, also lebenslang, auf eine glutenfreie Ernährung achten, vermeiden Sie Einschränkungen des Gesundheitszustandes. Es gibt jedoch genügend alternative Lebensmittel, die erlaubt sind, um Mangelerscheinungen vorzubeugen und den Kohlenhydrathaushalt auszugleichen. Das sind verschiedene Obst- und Gemüsesorten, Salate, Kartoffeln, viele Milchprodukte (ohne Geschmackszusätze), Naturkäse, Pflanzenöle, Fleisch, Fisch und Meeresfrüchte. Außerdem glutenfreie Getreide wie Reis, Mais, Wildreis, Hirse, Buchweizen, aber auch Honig, Ahornsirup, Nüsse, Hülsenfrüchte, reine Gewürze, Kräuter und Eier.

TOPFENSCHMARREN *mit Apfel-Birnen-Kompott*

Zutaten

200 ml Apfelsaft	2 EL Magerquark
2 Äpfel	3 Eier
2 Birnen	Milch
1 Vanilleschote	Butter
Weißwein	100 ml Orangensaft
Vanillepuddingpulver	Zucker
5 EL Mehl	Puderzucker
1 Zitrone	Salz

Kochutensilien

1 Stieltopf für das Kompott
1 Schüssel für den Teig
2 beschichtete Pfannen für den Schmarren
Schneidebretter
scharfe Messer
sauberes Küchentuch
Schneebesen

Für das **APFEL-BIRNEN-KOMPOTT** den Apfelsaft, etwas Zitronenschale, Zucker nach Belieben und das Mark einer Vanilleschote in den Stieltopf geben, aufkochen und mit einem Schluck Weißwein ablöschen. Die Äpfel und Birnen entkernen und in grobe Würfel schneiden. Etwa einen großen Esslöffel Vanillepuddingpulver in kaltem Wasser anrühren und die Kompottsauce damit abbinden. Die Apfel- und Birnenwürfel dazugeben, kurz aufkochen lassen, den Topf vom Herd nehmen und die Apfel- und Birnenwürfel darin bis zum Anrichten ziehen lassen.

Für den **TOPFENSCHMARREN** das Mehl, Eier, Quark und Zucker sowie eine Prise Salz und den Abrieb der restlichen Zitronenschale in eine Schüssel geben und mit dem Schneebesen glatt rühren. Den Teig mit Milch anreichern, bis er schön glatt und noch etwas zähflüssig ist. Den Ofen vorheizen auf 220 °C Umluft.

Eine Butterflocke in die Pfanne geben, schmelzen lassen und den Teig circa 1,5 cm hoch in die Pfanne füllen. Anschließend die Pfanne in den auf 220 °C Umluft vorgeheizten Ofen geben und etwa 5 Minuten backen, bis der Teig anfängt fest zu werden. Dann kurz aus dem Ofen holen, wenden und noch einmal für weitere 5 Minuten in den Ofen geben.

Ist der Teig fertig gebacken, den Schmarren aus dem Ofen holen und auf einem Brett zerreißen oder in grobe Rauten schneiden.

In der Pfanne Zucker karamellisieren lassen, mit dem Orangensaft ablöschen und die Rauten noch einmal in der Pfanne anschwenken. Den Schmarren auf die Teller verteilen, mit Puderzucker bestäuben und das Kompott in Schälchen gefüllt zum Topfenschmarren dazu reichen.

Amuse-Gueule

Evas Apfel ist vielseitig und gesund. Fast wie im Paradies. Er enthält über 30 verschiedene Vitamine und Spurenelemente sowie Pektin, das die Gift- und Schadstoffe im Darm bindet und aus dem Körper schwemmt. Außerdem reguliert er mit seinen vielen Ballaststoffen die Verdauung, stärkt das Immunsystem und soll krebsvorbeugend sein. Bis zu 70 Prozent der gesunden Inhaltsstoffe des Apfels sitzen übrigens in der Schale. Also die Äpfel immer gut abwaschen und mit Schale verzehren oder sogar verarbeiten.

Die **Birne** ist etwas säureärmer, weshalb sie noch besser verträglich ist. Sie regt auch die Verdauung an, wirkt entschlackend und entwässernd. Ihr hoher Phosphorgehalt stärkt außerdem das Nervensystem. Und auch bei ihr heißt es: Bitte mit Schale verzehren!

CRÈME BRÛLÉE

Zutaten

20 g Spekulatius-Gewürz
4 Eier
500 ml Sahne
1 Vanilleschote
150 g Zucker
brauner Zucker

Kochutensilien

1 Topf für die Creme-Masse
1 Rührschüssel für die Eier
4 Auflaufformen
Brenner
Schneebesen

Die Sahne mit dem Zucker, Spekulatius-Gewürz und der ausgeschabten Vanilleschote aufkochen, heiß in die Eier rühren, passieren und in die mit kaltem Wasser ausgespülten Auflaufformen geben. Bei 140 °C circa 20 Minuten im Wasserbad stocken lassen. Die lauwarme Creme mit braunem Zucker bestreuen und mit dem Brenner gleichmäßig karamellisieren.

Amuse-Gueule

Crème Brûlée (französisch: die gebrannte Creme) erfordert ein bisschen Fingerspitzengefühl. Da die Creme kalt serviert werden kann oder soll (es gibt diverse Rezeptvarianten), ist ein Backofen zum Karamellisieren nicht geeignet. Die Creme auch immer erst vor dem Servieren karamellisieren. Sehr wichtig sind die kleinen Förmchen, die flach und feuerfest sind, einen Durchmesser von ungefähr 10 bis 12 cm und eine maximale Höhe von 4 cm haben. Es gibt zahlreiche Varianten, das klassische Rezept mit Früchten aufzupeppen. Wir empfehlen Himbeeren.

WIN

TER

Exotische **WEIHNACHTSGANS** mit Rotkohl

Zutaten

- 1 Gans (circa 3 kg)
- 2 EL Gänsefett
- Rotwein
- 2 Orangen
- 2 Limetten
- 2 Karotten
- 4 Zwiebeln
- 1 Sellerie
- ½ Rotkohl
- ½ Ingwerwurzel
- 2 Stangen Zitronengras
- Minze
- Koriander
- 4 EL Honig
- 4 EL Sojasauce
- 300 ml Gemüsefond
- Weißweinessig
- Sojasauce
- Stärke
- Pfeffer & Salz

Kochutensilien

- 1 Bräter
- 2 Schüsseln für Rotkohl und Honig-Sojasauce
- 2 Töpfe für Rotkohl und Geflügelfond
- Schneidebretter
- sauberes Küchentuch
- Hobel
- Sieb
- Pinsel
- Zahnstocher
- scharfe Messer

Backofen auf 200 °C vorheizen. **GANS** ausnehmen. Innereien, Karotten, 2 Zwiebeln, Sellerie vierteln und zusammen mit etwas Wasser in den Bräter geben. Mit Orangen, Limetten, 2 Zwiebeln, gevierteler Ingwerwurzel und grob zerpflückter Minze die Gans füllen und mit der Brustseite nach oben in den Bräter legen. Mit Salz und Pfeffer würzen, mit einem Zahnstocher die Haut einstechen und für circa 40 Minuten in den Backofen geben. Anschließend die Temperatur auf 160 °C reduzieren und pro Kilo Gans eine Stunde Garzeit einplanen.

Die ersten Blätter vom **ROTKOHL** entfernen, halbieren, hobeln und in einer Schüssel weich kneten. Zitronengras weich schlagen, unterkneten und mit Weißweinessig, Salz und Pfeffer abschmecken. Gänsefett im Topf erhitzen, Rotkohl mit etwas Rotwein und Sojasauce bei milder Hitze leicht köcheln lassen.

GANS regelmäßig mit dem Fond übergießen. Sojasauce und Honig vermengen. Am Ende der Garzeit die Gans aus dem Ofen nehmen und die Füllung herauslösen. Gans mit der Soja-Honig-Sauce einpinseln und auf einem Backblech kurz in den Ofen geben.

Bratreste mit Wasser vom Bräter lösen und zusammen mit der Füllung und dem Geflügelfond in einen Topf geben und aufköcheln. Anschließend passieren, mit Stärke andicken und Fettschicht abschöpfen. Zitronengras aus dem Rotkohl entfernen, mit Minze und Koriander verfeinern. Gans portionieren und zusammen mit dem Fond und Rotkohl anrichten.

Amuse-Gueule

Wichtig bei der **Zubereitung einer Gans**: Wie bleibt sie saftig – wie wird sie knusprig? Saftig: Beim Einkauf aus Freilandhaltung darauf achten, dass die Haut trocken (nicht vertrocknet!) und das Fleisch schön fest ist. Bei Tiefkühlware darf die Verpackung nicht beschädigt sein. Während des Backens die Gans immer wieder mit Wasser, später mit Fond übergießen. Ofen gut vorheizen, bei starker Hitze schließen sich die Poren sofort. Ideal 180 bis 200 °C – so wird und bleibt sie saftig.

Knusprig: 20 Minuten vor Ende der Garzeit die Gans mit einem Gemisch aus Honig und Öl einpinseln. Hitze auf 220 °C erhöhen, so entsteht eine goldbraune Kruste. Aber nicht aus den Augen lassen, da der Honig nicht karamellisieren darf (wird sonst bitter)!

Für die Füllung sind der Phantasie keine Grenzen gesetzt. Beachten Sie, dass die Gans einen höheren Fettgehalt hat als anderes Geflügel. Eine 3 Kilogramm schwere Gans reicht für 4 Personen, bei 6 bis 8 Personen sollte es eine 5-Kilogramm-Gans sein.

WILDSCHWEINRAGOUT *mit Spätzle*

Zutaten

1 kg Wildschweinkeule, gewürfelt
½ l Wildfond
1 l Rotwein
500 g Mehl
10 Eier
150 g Schmand
100 g Tomatenmark
100 g Preiselbeeren

250 g Karotten, Sellerie, Zwiebeln
5 Pfefferkörner
5 Wacholderbeeren
2–3 Lorbeerblätter
1 Orange
Olivenöl
Butter
Muskat
Pfeffer & Salz

Kochutensilien

2 Schüsseln für die Spätzle und das Eiswasser
1 große Schüssel zum Marinieren
1 großer Topf für das Ragout
1 Topf für die Spätzle
1 Pfanne für die Spätzle
großes Sieb
Schneidebretter
sauberes Küchentuch
Spätzlebrett oder 1 Kartoffelpresse
Spätzleschaber
Stabmixer
scharfe Messer

Aus Rotwein, dem geschälten und klein geschnittenen Wurzelgemüse (Sellerie, Karotten, Zwiebeln) sowie den Gewürzen (Lorbeerblätter, angedrückte Wacholderbeeren, Pfefferkörner) und Orangenschale eine **MARINADE** rühren. Das Fleisch in grobe Würfel schneiden und in der Marinade über Nacht ziehen lassen.

Am Kochtag das **FLEISCH** gründlich abgießen und zusammen mit dem **WURZELGEMÜSE** (aus der Marinade) in einem großen Topf in etwas Olivenöl scharf anbraten. Das Tomatenmark zufügen und kurz mitrösten. Das Fleisch mit Mehl abstäuben, mit dem Rotwein von der Marinade ablöschen und mit dem Wildfond auffüllen. Bei milder Temperatur das Fleisch circa 1,5 Stunden leicht köcheln.

Für die **SPÄTZLE** die Eier in eine Schüssel geben, eine Prise Salz dazugeben und aufschlagen. Die Eier nun circa 15 Minuten stehen lassen, dann bekommen sie eine kräftige gelbe Färbung.

In der Zwischenzeit einen Topf mit reichlich Wasser und einer Prise Salz aufstellen und zum Kochen bringen.

Das Mehl in eine Schüssel geben, eine Prise Muskat dazugeben und die Eier langsam unterrühren. Teig kräftig aufschlagen, bis er Blasen wirft. Dann über ein Spätzlebrett in das wallende Wasser schaben. Alternativ den Teig durch eine Kartoffelpresse drücken. Eine Schüssel mit eiskaltem Wasser daneben stellen und die Spätzle, sobald sie oben schwimmen, darin abschrecken. Anschließend die fertigen Spätzle in ein Sieb abgießen und abtropfen lassen. Vor dem Anrichten die Spätzle noch einmal kurz in einer Pfanne in etwas Butter anschwenken, mit einer Prise Salz und Muskat abschmecken.

Das **WILDSCHWEINRAGOUT** noch mit einem großen Löffel Preiselbeeren verfeinern. Die Spätzle auf die Teller geben, das Ragout dekorativ daneben anrichten und mit je einem Klecks Schmand und Preiselbeeren servieren.

Amuse-Gueule

Das **Fleisch vom Wildschwein** ist sehr saftig, kernig, würzig und von fester Struktur. Es hat eine dunkelrote Farbe und ist sehr aromatisch. Sein Fettanteil ist höher als der von Wild, jedoch niedriger als der vom Hausschwein. Junges Wildschweinfleisch ist sehr zart – je älter das Fleisch, desto zäher. Die Wahl der Garmethode ist abhängig vom Alter des Wildfleisches: Fleisch von Tieren, die älter sind als fünf Jahre, besser schmoren, nie kurz anbraten. Jungtiere bis 20 Kilogramm dagegen können Sie gut braten und grillen.

Der Nacken kann in jeder Form verwendet werden, er hat saftiges Fleisch. Gute Steaks bekommt man aus dem Rücken sowie aus kleineren Keulen. Haxe und Schulter eignen sich zum Braten und Schmoren im Ganzen. Das Filet ist im übrigen beim Wildschwein das zarteste Fleisch.

RUMPSTEAK *mit Folienkartoffel, Schnittlauch-Schmand und hausgemachter Kräuterbutter*

Zutaten

4 Steaks à 220 g
4 große mehlig kochende Kartoffeln
200 g Butter
200 g Schmand
2 Knoblauchzehen
1 Zitrone
Rosmarin

Thymian
Blattpetersilie
Schnittlauch
Dill
Kerbel
Olivenöl & Pflanzenöl
schwarzer Pfeffer
Meersalz

Kochutensilien

1 Grillpfanne für die Steaks (backofengeeignet)
1 Schüssel für den Schmand
1 Schüssel für die Kräuterbutter
1 Schüssel für die Steaks
Schneidebretter
sauberes Küchentuch
Backblech
Alufolie
Backpapier
scharfe Messer

Den Ofen für die Folienkartoffeln auf 200 °C vorheizen. Die großen **KARTOFFELN** mit einer Gabel mehrmals einstechen und auf je ein Blatt Alufolie legen. Die Kartoffeln mit Olivenöl und Meersalz beträufeln und zusammen mit etwas Rosmarin, Thymian und einer Knoblauchzehe in der Alufolie einpacken. Die Päckchen auf ein Backblech legen und in den vorgeheizten Ofen geben. Die Kartoffeln brauchen bei 200 °C circa 45 Minuten.

Für die **KRÄUTERBUTTER** ein Stück weiche Butter in eine Schüssel geben. Verschiedene Kräuter (Kerbel, Petersilie, Dill) je nach Belieben mit dem Messer fein hacken und zusammen mit Meersalz, frisch gemahlenem Pfeffer und dem Saft einer halben Zitrone unter die Butter mengen. Um eine dekorative Rolle zu formen ein Stück Backpapier auslegen, die Kräuterbutter in die Mitte geben und das Backpapier einmal umschlagen. Anschließend die Butter im Backpapier zu einer Rolle formen und bis zum Anrichten in den Kühlschrank legen.

Für die **STEAKS** eine Grillpfanne aufstellen und ohne Fett erhitzen. Wer keine Grillpfanne besitzt, kann natürlich eine normale Pfanne verwenden. In eine Schüssel etwas neutrales Pflanzenöl geben, die Steaks nacheinander durch das Öl ziehen und in die heiße Pfanne legen. Die Steaks von beiden Seiten circa 2 bis 3 Minuten braten, so dass sie schön gebräunt sind. Anschließend die Steaks in Alufolie einwickeln, zu den Kartoffeln in den Ofen geben und bei 80 °C etwa 5 Minuten fertig ziehen lassen.

Für den **SCHNITTLAUCH-SCHMAND** den Schnittlauch in feine Ringe schneiden und mit Salz, Pfeffer und etwas Zitronensaft unter den Schmand rühren.

Zum Schluss die Folienkartoffeln aus dem Ofen nehmen und in der Folie auf die Teller setzen. Dabei die Folie etwas öffnen. Die Steaks aus der Alufolie nehmen, zu den Kartoffeln auf die Teller geben und mit Salz und Pfeffer aus der Mühle würzen. Die Kräuterbutter aus dem Kühlschrank nehmen, Scheiben herunterschneiden und auf die heißen Steaks legen. Den Schmand separat in kleinen Schälchen dazu reichen. Das Ganze mit einem Kräutersträußchen dekorieren – fertig!

Amuse-Gueule

Üblicherweise ist das **Steak** vom Rind. Rindfleisch ist ein hochwertiges Lebensmittel mit vielen Nähr- und Inhaltsstoffen. Der Fettanteil ist abhängig vom Fleischstück des Rindes und schwankt zwischen 2 Prozent beim Muskelfleisch bis über 14 Prozent beim Bruststück. Außerdem ist es reich an Mineralstoffen wie Zink und Eisen; besitzt einen hohen Gehalt an Vitamin A, B_{12} und C. Das Rumpsteak stammt aus dem Rücken des Tieres, Entrecôte sitzt zwischen den Rippen, das edle Filet kommt aus der Lende. Noch ein kleiner Tipp: Lassen Sie lieber die Finger von sogenannten Minutensteaks – die werden leicht zäh!

VEGETARISCHE ANTIPASTI *mit Ciabatta*

Zutaten

1 rote Paprika	10 Schalotten
1 Fenchel	250 g Austernpilze
1 Zweig Thymian	1 Ciabatta
1 Zweig Rosmarin	Rotwein
Knoblauch	Olivenöl
1 Zitrone	Zucker
1 Zucchini	Parmesan
1 Aubergine	Pfeffer & Salz

Kochutensilien

1 ofenfeste Pfanne für die Paprikaschote
1 Stieltopf für die Schalotten
1 Schüssel zum Marinieren
1 Grillpfanne für das Gemüse
1 beschichtete Pfanne für das Ciabatta
Schneidebretter
sauberes Küchentuch
scharfe Messer

Zu Beginn den Ofen auf 180 °C vorheizen und auf Grill stellen. Die **PAPRIKASCHOTE** in eine Pfanne legen, mit Olivenöl beträufeln und auf die oberste Schiene in den Ofen geben. Zwischendurch die Paprika wenden, so dass diese rundum richtig schwarz wird und sich die Haut löst.

Die **SCHALOTTEN** schälen und in einem Stieltopf in etwas Öl und Zucker anschwitzen. Anschließend mit dem Rotwein ablöschen und zusammen mit einer Prise Salz sowie einem Thymianzweig köcheln, bis die Schalotten gar sind.

Die **ZUCCHINI**, den **FENCHEL** und die **AUBERGINE** waschen, der Länge nach in dünne Scheiben schneiden; die **AUSTERNPILZE** in grobe Stücke reißen.

Für die **MARINADE** in eine Schüssel reichlich Olivenöl geben, den ausgepressten Saft einer Zitrone dazu, mit Salz und Pfeffer würzen und gut vermengen. Das geschnittene Gemüse durch die Marinade ziehen und in der Grillpfanne von beiden Seiten anbraten.

Die angebrannte Paprika aus dem Ofen holen, abkühlen lassen und die Haut einfach mit einem kleinen Messer abziehen. Die Paprika in große Stücke schneiden. Das gesamte **GRILLGEMÜSE**, die Schalotten und die Paprika auf einer Servierplatte anrichten. Noch ein wenig frisches Olivenöl darüber träufeln und mit Salz und Pfeffer würzen. Das **CIABATTA** in dünne Scheiben schneiden und in einer beschichteten Pfanne in etwas Olivenöl von beiden Seiten knusprig anbraten. Anschließend die Scheiben mit frischem Knoblauch einreiben und in frisch geriebenem Parmesan wenden. Den Parmesan etwas andrücken und die Ciabattascheiben noch einmal in der Pfanne von beiden Seiten anbraten. Das Brot zum Gemüse servieren.

Amuse-Gueule

Als Antipasti wird in Italien die Vorspeise (Antipasto = »vor der Pasta/Mahlzeit«) bezeichnet. Typisch sind luftgetrockneter Schinken, Salami, Aufschnitt, Gebratenes, in Olivenöl eingelegtes Gemüse, Obst, Meeresfrüchte (oft auch mariniert), belegte geröstete Brotscheiben oder Bruschetta.

Generell ist die Ernährung mit **mediterranen Speisen** nur zu empfehlen. Olivenöl, frisches Gemüse und Obst sowie viel Fisch, ergänzt durch hochwertige, kaltgepresste Öle und Nüsse sind gut für Gefäße und Blutdruck, wirken sich positiv auf das Herz-Kreislauf-System aus.

Noch ein kleiner Tipp: Das Gemüse am besten im Ofen garen und erst danach in Öl einlegen, so kann das wertvolle Olivenöl effektiv vom Körper genutzt werden. Wer das Gemüse in Öl anbrät: Bitte nur bei milder Hitze, dass es nicht verbrennt!

Brasilianische **EMPANADAS**

Zutaten

500 g Hackfleisch
750 g Mehl (Maismehl)
250 g Butterschmalz
250 ml Hühnerbrühe
4 Eier
Butterschmalz
½ Tasse Rosinen

4 Zwiebeln
Paprikapulver, edelsüß
Oregano
Mehl
Öl
Salz

Kochutensilien

1 Schüssel für den Teig
2 Töpfe für die Eier & zum Frittieren
1 Pfanne für die Füllung
Schneidebretter
scharfe Messer
sauberes Küchentuch
Küchenkrepp

Für den **TEIG** Schmalz, Mehl und Salz in eine Schüssel geben. Kellenweise so viel Brühe zufügen und kneten, bis sich eine feste, nicht brüchige Masse bildet. Ausrollen und in Scheiben à 14 cm Durchmesser ausstechen.

Die **FÜLLUNG**: Rosinen in Wasser einlegen und 3 Eier hart kochen. Die hartgekochten Eier und Zwiebeln in Würfel schneiden. Schmalz in einer Pfanne erhitzen. Gehacktes zugeben und anbraten. Paprikapulver und Zwiebeln untermengen. Wenn die Zwiebeln Farbe annehmen, eine Kelle Brühe, Salz, Oregano und Mehl dazugeben. Gut vermengen und aufkochen. Erkalten lassen, Rosinen und gestückelte Eier dazugeben.

Auf jede Scheibe, nach Möglichkeit nicht zentriert, die Füllung platzieren. Rand mit Eigelb bestreichen. Die Empanadas durch Umklappen verschließen. Die Naht stückchenweise über Eck umklappen und in Öl frittieren. Vor dem Servieren mit Küchenkrepp abtupfen.

Amuse-Gueule

Durch Maismehl bekommen die **Empanadas** ihre goldgelbe Farbe, Sie erhalten es in allen Feinkostabteilungen (zum Beispiel Perfetto-Karstadt) oder Reformhäusern.

In der nordspanischen und südamerikanischen Küche sind Empanadas beliebter als Tapas. Gern werden die halbmondförmigen Taschen mit Gemüse, Hackfleisch, Schinken oder Käse gefüllt.

SCHWEINERIPPCHEN *mit Arepas*

Zutaten

für die Rippchen:

1 kg Rippchen
2 EL brauner Zucker
½ Tasse Honig
¼ Tasse Sojasauce
¼ Tasse Weißweinessig
1 TL Backpulver
2 Knoblauchzehen

für die Arepas:

2 Tassen Maismehl (Reformhaus)
3 EL warme Margarine (flüssig)
1 Ei
1 Tasse würziger Käse, gerieben
2 ½ Tassen Wasser
1 Prise Salz

Kochutensilien

1 Schüssel für die Arepas
1 Pfanne für die Arepas
1 Backblech
1 Topf für die Rippchen
Schneidebretter
sauberes Küchentuch
Backpapier
Nudelholz
scharfe Messer

Die **RIPPCHEN** in Stücke schneiden. In einem großen Topf alle Zutaten ohne das Backpulver langsam erhitzen. Der Honig muss völlig aufgelöst sein. Nun das Backpulver zufügen. Achtung, die Mischung schäumt dadurch stark auf! Vom Herd nehmen und nun die Rippchen dazugeben und circa 20 Minuten ziehen lassen. Backofen auf 190 °C vorheizen.

Für die **AREPAS** sämtliche Zutaten (bis auf den Käse) gut miteinander verkneten, ohne dass Klumpen entstehen. Falls notwendig noch etwas Wasser hinzugeben. Den Teig 5 Minuten ruhen lassen.

Rippchen auf ein Backblech geben und im vorgeheizten Ofen circa 1 Stunde backen. Dabei die Stücke einmal wenden. Nach 40 Minuten Backzeit die Stücke noch einmal großzügig mit Sauce, die sich auf dem Backblech gebildet hat, bestreichen.

Aus dem Teig kleine Kugeln formen, in die Mitte ein wenig Käse hineingeben und die Kugeln flach drücken.

Die Arepas in einer heißen und mit Margarine gefetteten Pfanne von beiden Seiten goldbraun braten und mit einem Küchentuch abtropfen. Buen provecho!

Amuse-Gueule

Um perfekte **Arepas** zu bekommen, sollte man den Teig mit einem Nudelholz auf einer Plastikfolie ausrollen. Anschließend legt man ein weiteres Stückchen Folie darüber und sticht mit einer Tasse eine runde Arepa aus. Dickere Arepas kann man durchschneiden und in der Mitte wie ein Sandwich füllen.

Kolumbien, das Land mit der Vielzahl an unterschiedlichen Landschaften und Klimazonen, bekam zwar von Christoph Kolumbus seinen Namen, wurde aber von Amerigo Vespucci entdeckt. In einigen Regionen Kolumbiens gibt es so ausgefallene Gerichte wie Meerschweinchen (Cuy) oder frittierte Ameisen (Hornigas). Kein Wunder, dass zu jeder Feier der Aguardiente, ein Zuckerrohrschnaps aus Anis (eventuell mit Kräutern versetzt), nicht fehlen darf.

ROULADE VON DER PUTE mit *Wirsing* und *Kartoffelstampf*

Zutaten

4 Putenschnitzel á 180 g
Schinkenspeck
1 kleiner Wirsingkohl (800 g)
½ Ingwerwurzel
400 g Kartoffeln
1 Karotte
1 Zwiebel
5 EL saure Sahne

Butter
3 EL Honigsenf
Olivenöl
Muskat
Kümmel
Pfeffer & Salz

Kochutensilien

2 Töpfe für den Wirsing
1 Topf für den Kartoffelstampf
1 ofenfeste Pfanne für die Rouladen
Schneidebretter
sauberes Küchentuch
Holzspieße
scharfe Messer

PUTENSCHNITZEL mit kaltem Wasser abspülen, trocken tupfen. Ingwer und Karotte in feine Streifen schneiden. Putenschnitzel mit Honigsenf bestreichen, würzen und mit Ingwer- und Karottenstreifen belegen, zusammenrollen und mit Holzspießen fixieren. Ofen auf 180 °C vorheizen. Rouladen in eine Pfanne geben, mit Olivenöl beträufeln und in den Backofen geben. Rouladen regelmäßig mit Fond übergießen.

WIRSINGKOHL putzen, waschen und abtropfen lassen. Wirsingblätter abzupfen und in Salzwasser blanchieren. Blätter in kaltem Wasser abschrecken und in Streifen schneiden. Zwiebel und Schinkenspeck in feine Würfel zerkleinern.

KARTOFFELN schälen und kochen. Inzwischen Butter in einem großen Topf erhitzen, Speck- und Zwiebelwürfel darin andünsten. Wirsingkohlstreifen zufügen, andünsten und mit Salz, Pfeffer und Muskat würzen. Kartoffeln stampfen und mit saurer Sahne sowie Kümmel verfeinern.

Die **ROULADEN** von beiden Seiten in einem Butter-Öl-Gemisch circa 10 Minuten braten.

Amuse-Gueule

Wirsing – der Kohl für Feinschmecker und eine Wunderwaffe! Vollgepackt mit Vitaminen, Nähr- und Mineralstoffen ist das heimische und preiswerte Gemüse sehr gesund. 200 Gramm decken bereits den Tagesbedarf an Vitamin C. Außerdem hat Wirsing Vitamin A für Haut und Sehkraft sowie sehr viel Vitamin B_6, das dem Nervenkostüm besonders gut tut! Wie die meisten Gemüsesorten ist auch Wirsing kalorien- und fettarm. Gerichte mit Kohl können leicht Blähungen verursachen, dagegen helfen Kümmel und Fenchelsamen, die man einfach mitkocht.

Beim Einkauf darauf achten, dass der Wirsing beim Schütteln »rasselt«. In der Zubereitung ist er sehr einfach: äußere Blätter entfernen, Strunk herausnehmen, mit fließendem Wasser abspülen und blanchieren.

Hausgemachte PIZZA

Zutaten

Mailänder Salami
San-Daniele-Schinken
Mozzarella
Emmentaler
Pfeffer & Salz

für den Teig:
100 ml Milch
200 g Mehl
20 g frische Hefe

für die Sauce:
1 Zwiebel
1 Knoblauchzehe
1 kl. Dose geschälte Eiertomaten
2 EL Öl
frisches Basilikum
Zucker

Kochutensilien

1 Schüssel für den Teig
1 Stieltopf für die Pizzasauce
Schneidebretter
Backblech
sauberes Küchentuch
scharfe Messer
Nudelholz
Stabmixer

Für den **HEFETEIG** Mehl und eine Prise Salz in eine Schüssel geben, in die Mitte eine Mulde drücken und die frische Hefe hinein bröseln. Die lauwarme Milch über die Hefe gießen und 15 Minuten bei Zimmertemperatur gehen lassen. Die Zutaten zu einem geschmeidigen Teig verkneten und noch einmal ruhen lassen.

Den Backofen auf volle Leistung stellen (Ober-, Unter- oder Umluftweise). Dabei das Backblech oder den Pizzastein schon in den Ofen schieben und auf höchster Stufe vorheizen.

Die **TOMATENSAUCE**: Zwiebel und den Knoblauch schälen, würfeln und in einem Stieltopf in etwas Öl anschwitzen. Die Tomaten aus der Dose hinzufügen, die Basilikumblätter von den Stängeln zupfen und die Stängel in die Tomatensauce geben. Die Sauce mit Salz, Pfeffer und einer Prise Zucker abschmecken und circa 10 Minuten köcheln lassen. Anschließend die Stängel entfernen und mit dem Stabmixer pürieren. Die Sauce bis zur Verwendung kalt stellen.

Den Teig mit dem Nudelholz auf einer bemehlten Arbeitsfläche dünn zu runden Pizzafladen ausrollen und mit der kalten Tomatensauce bestreichen. Anschließend nach Belieben zum Beispiel mit Salami und dem geriebenen Emmentaler oder mit Mozzarellascheiben und frischen Basilikumblättern belegen. Die Pizzen in den Ofen schieben und je nach Herd wenige Minuten backen, bis der Boden knusprig ist.

Nun die Pizzen aus dem Ofen holen und eventuell durch weitere Zutaten wie San-Daniele-Schinken ergänzen (dieser wird nicht mitgebacken, da er an Qualität und Geschmack verlieren würde).

Amuse-Gueule

Pizza ist das »Nationalgericht« aller Kinder, nicht nur in Italien. Ursprünglich ein »Arme-Leute-Essen«, wurde sie schon von den Römern in ganz Italien verbreitet, besonders im Umland Neapels. Dort eröffnete 1830 die erste Pizzeria der Welt.

Der originale Pizzageschmack entsteht durch das Backen im Holzofen. Beim Backen mit dem Elektroherd gelingt das aber auch mit einem Pizzastein. Wichtig: frische Hefe für den Teig verwenden und den Teig nicht zu heftig kneten (darf nicht warm werden).

BREITE NUDELN *mit Kirschtomaten, Zuckerschoten und krossem Parmaschinken*

Zutaten

4 Scheiben Parmaschinken
Parmesan
1 Schale Kirschtomaten
1 Schale Zuckerschoten
Olivenöl
Zucker
Pfeffer & Salz

für den Teig:
500 g Mehl (Type 550)
5 Eier

Kochutensilien

1 Topf für die Nudeln
1 Schüssel für den Teig
1 Pfanne für den Schinken
1 Pfanne für das Gemüse
Schneidebretter
sauberes Küchentuch
Nudelholz
Sieb
scharfe Messer
Hobel

Für den **NUDELTEIG** Mehl, die Eier, etwas Olivenöl und eine Prise Salz in eine große Schüssel geben und kräftig verkneten. Den Teig zu einer Kugel formen, mit Olivenöl einreiben und bei Zimmertemperatur circa ½ bis 1 Stunde ruhen lassen. Die Arbeitsfläche gut bemehlen und den Nudelteig dünn mit dem Nudelholz ausrollen. Dabei immer wieder mit Mehl einstäuben, so bleibt der Teig nicht an der Nudelrolle oder an der Arbeitsplatte kleben. Den Teig ausgerollt liegen und antrocknen lassen.

In der Zwischenzeit einen großen Topf mit Wasser und Salz aufstellen und zum Kochen bringen.

Nun den Nudelteig locker zusammenrollen und in dünne, gleichmäßige Streifen schneiden. Anschließend die Bandnudeln auseinanderrollen und locker auf der Arbeitsfläche ausbreiten.

Die **ZUCKERSCHOTEN** waschen und in lange, breite Streifen schneiden, die Kirschtomaten waschen und halbieren. Den **SCHINKEN** in einer heißen Pfanne von beiden Seiten kross braten. Die Zuckerschoten und Kirschtomaten in einer zweiten Pfanne in Olivenöl anschwitzen, mit Zucker, Salz und Pfeffer abschmecken.

Die Nudeln parallel in das kochende Salzwasser geben, circa 1 bis 2 Minuten kochen und in ein Sieb abgießen. Direkt im Anschluss die Nudeln zu den Tomaten geben und kurz in der Pfanne durchschwenken. Die Nudeln auf den Tellern anrichten, den knusprigen Parmaschinken in groben Streifen auf die Nudeln legen und frischen Parmesan darüber hobeln.

Amuse-Gueule

Pasta – das perfekte Gericht für jeden Tag! Einige Tipps zu den zahlreichen Nudel-Variationen: Original italienische selbst gemachte Pasta besteht aus Grieß, Salz und Wasser. Der griffige Teig sollte gut geknetet werden und circa 30 Minuten bei Zimmertemperatur ruhen. Alternativ ist der Teig auch mit Mehl und Eiern (oder halb Mehl und halb Grieß) herzustellen.

Sind die Nudeln fertig geformt, lässt man sie etwas trocknen, damit sie beim Kochen nicht kleben. Frische Pasta in kochendes, gesalzenes Wasser geben und nur 1 bis 2 Minuten garziehen lassen. Pasta braucht viel Platz – also einen großen Topf nehmen (1 Liter Wasser für 100 g Pasta). Kein Olivenöl ins Wasser geben, sonst können die Nudeln später die Sauce nicht aufnehmen! Regelmäßig umrühren, damit nichts zusammenklebt. Pasta schmeckt am besten »al dente«, mit etwas Biss. Beim Abgießen etwas Nudelwasser aufheben für die Bindung der Sauce. Und auf keinen Fall abschrecken!

GESCHMOLZENE MAULTASCHEN *gefüllt mit Hackfleisch und Spinat*

Zutaten

für den Teig:
100 g Mehl
1 Ei
Olivenöl

250 g Hackfleisch
200 g Spinat
100 g Mehl
Butter
2 Eier
1 Zwiebel
Hühnerbrühe (Suppenhuhn, Lorbeerblätter, Piment, Sellerie, Lauch, Zwiebeln)
Muskat
Pfeffer & Salz

Kochutensilien

1 Pfanne für den Spinat
1 Topf für die Hühnerbrühe
1 Schüssel für den Teig
1 Spritzbeutel
Schneidebretter
sauberes Küchentuch
Sieb
Nudelmaschine oder Nudelholz
scharfe Messer

HÜHNERBRÜHE zubereiten. Dafür Hähnchen mit kaltem Wasser bedecken, Lorbeerblätter, Piment, Sellerie, Lauch und Zwiebeln hinzugeben und circa 30 Minuten köcheln lassen, anschließend abseihen.

Für den **NUDELTEIG** die Arbeitsfläche mit Mehl bestreuen und eine Kuhle formen. Ein rohes Ei in die Kuhle geben und mit Salz und Muskat würzen. Etwas Olivenöl und lauwarmes Wasser hinzugeben und kräftig kneten. Teig zu einem Ball formen, mit Öl einreiben und ruhen lassen.

SPINAT gründlich waschen, Strunk entfernen. In einer Pfanne Brühe erhitzen und den Spinat darin garen. Mit Salz und Pfeffer würzen und anschließend im Sieb abtropfen lassen.

Spinat in feine Streifen schneiden und zusammen mit dem Hackfleisch, einem Ei, Muskat, Salz und Pfeffer vermengen. **SPINAT-HACKFLEISCH-MASSE** in einen Spritzbeutel umfüllen.

Nudelteig ausrollen und die Masse längs auftragen. Ein Ei verquirlen und die Ränder des Teiges einpinseln. Füllung mit dem Teig umhüllen und die Seiten und Enden leicht zusammendrücken und mit einem scharfen Messer portionieren.

Fleisch und Gemüse aus der Brühe nehmen und passieren. Maultaschen hinzugeben. Zwiebel in Scheiben schneiden, in Butter goldgelb anbraten und in der Suppe servieren.

Amuse-Gueule

Spinat gibt es aus heimischem Anbau von März bis Dezember. Sommerspinat wird von März bis Mai, Winterspinat von September bis November geerntet. Er sollte sattgrüne, frische Blätter haben. Der erste Spinat lässt sich prima roh als Salat essen. Später wird er leicht zu herb.

Am besten gleich am Tag des Einkaufs essen, ansonsten lässt er sich maximal nur zwei Tage im Kühlschrank aufbewahren. Achtung vor seiner Oxalsäure, denn die Säure kann die Zähne stumpf machen. Auch wer zu Nierensteinen neigt, sollte nicht zu oft Spinat essen.

Spinat besitzt viele Nährstoffe, u.a. die Vitamine A, B_1, B_2 und C. Für die Wirksamkeit der Vitamine ist es unerlässlich, den Spinat mit Fett zuzubereiten. Wichtig: Erhitzen Sie generell Gemüse nur so lange wie nötig, da sonst Vitamine verlorengehen!

HERZMUSCHELN *mit Vanillepasta und grünem Spargel*

Zutaten

300 g Herzmuscheln
300 g Rigatoni
1 Bund grüner Spargel
100 g Butter
200 ml Weißwein
100 ml Geflügelbrühe
1 Zwiebel
1 Vanilleschote

frische Minze
Olivenöl
Pfeffer & Salz

Kochutensilien

1 Topf für die Rigatoni
1 Stieltopf für die Sauce
1 Pfanne mit Deckel für die Muscheln
Schneidebretter
sauberes Küchentuch
Stabmixer
Sieb
scharfe Messer

Einen mittelgroßen Topf mit reichlich Salzwasser aufstellen und die **RIGATONI** darin nach Packungsangabe al dente kochen.

In der Zwischenzeit für die **SAUCE** einen Stieltopf mit etwas Olivenöl aufstellen und erhitzen. Die Zwiebel schälen, in feine Würfel schneiden und in Olivenöl glasig anschwitzen. Die Vanilleschote halbieren, das Mark herausschaben und zusammen mit der Schote zu den Zwiebeln geben. Die Schote kurz mit anrösten und im Anschluss mit 100 ml Weißwein ablöschen. Die Sauce etwas reduzieren, mit der Gemüsebrühe auffüllen und weiter einkochen.

Den **SPARGEL** waschen, das untere, etwas holzige Ende abtrennen und die Spargelstangen in grobe Rauten schneiden. In einer Pfanne etwas Olivenöl erhitzen und den Spargel darin anschwitzen. Die Muscheln zum Spargel geben, mit dem restlichen Weißwein auffüllen und mit einem Deckel verschließen. Durch den Dampf öffnen sich die Muscheln. Diese brauchen etwa 8 bis 10 Minuten, bis sie gar sind.

Zum Schluss noch die Vanilleschote aus der Sauce nehmen, die Butter hinzu geben und diese mit dem Stabmixer pürieren.

Wenn die Muscheln fertig gegart sind, etwas von dem Sud abgießen und die Rigatoni zusammen mit der Sauce und einigen in Streifen geschnittenen Minzeblättern unter die Muscheln rühren und servieren.

Amuse-Gueule

Valentinstag: Weltweit feiern Millionen den 14. Februar als Tag der Liebenden! Verwöhnen Sie Ihre/n Liebste/n nicht nur an diesem Tag mit Herzmuscheln. »Liebe geht durch den Magen« – Essen und Erotik sind bekanntlich eng miteinander verbunden. Manche Zutaten sollen deshalb auch mit Form, Inhalt oder Farbe die Liebesphantasien stimulieren, die Lust wecken und die Liebeskraft fördern. Zu diesen Pflanzen und Meeresfrüchten gehören: Austern, Spargel, Sellerie, Erdbeeren (wie in »Pretty Woman« den Champagner dazu nicht vergessen!), Feigen, Granatäpfel, Schokolade, Trüffel, Vanille, Ingwer, Zimt und Chili. Letzteres Gewürz soll sogar »Scharfmacher« Nummer Eins sein!

FASCHINGSSPIESS *mit Tomatenreis*

Zutaten

200 g Schweinenacken
150 g Bauchspeck, geräuchert
1 Dose geschälte Tomaten
100 g Langkornreis
400 ml Geflügelfond
Butterschmalz
1 rote Zwiebel
1 rote Paprika

frische Kräuter (Thymian, Rosmarin, Blattpetersilie)
Olivenöl
Pfeffer & Salz

Kochutensilien

1 Pfanne für die Spieße
1 Topf für den Reis
Schneidebretter
sauberes Küchentuch
scharfe Messer
4–8 Holzspieße

Zu Beginn werden die **FASCHINGSSPIESSE** vorbereitet. Dafür den Schweinenacken und den geräucherten Speck in grobe Würfel schneiden. Die Zwiebel schälen, die Paprika waschen und beides in gleich große Stücke schneiden wie das Fleisch. Zwischendurch den Backofen auf 200 °C vorheizen.

Das Gemüse, den Speck und die Fleischwürfel abwechselnd auf die Holzspieße stecken. Die fertigen Spieße mit Salz und Pfeffer würzen und in einer Pfanne in etwas Butterschmalz von allen Seiten scharf anbraten, dann in den vorgeheizten Ofen geben.

Für den **TOMATENREIS** 2 Tassen Langkornreis, 2 Tassen geschälte Tomaten und 2 Tassen Geflügelfond in einen Topf geben, verrühren und mit einem Deckel oder etwas Alufolie abdecken. Den Reis mit den Fleischspießen zusammen für 20 Minuten bei 200 °C im vorgeheizten Backofen garen.

Zum Schluss ein paar Kräuter (zum Beispiel Rosmarin, Thymian, Blattpetersilie) hacken. Die Kräuter zusammen mit einem Schuss Olivenöl unter den Reis rühren und auf den Tellern anrichten. Die Spieße auf den Reis legen und mit einem Thymiansträußchen dekorieren.

Amuse-Gueule

Karneval, Fastnacht oder Fasching ist nicht nur in Deutschland eine Tradition, sondern auch ein globales Phänomen. Nach altem Brauch darf am Donnerstag vor Fasching das letzte Mal vor Beginn der Fastenzeit geschlachtet werden. Mit dem gewonnenen Fett kochten die Menschen besonders deftige Mahlzeiten und nutzten es für die Zubereitung von Schmalzgebäck – den beliebten Krapfen, Pfannkuchen oder Berlinern. Zu Fasching darf es ruhig fettig und deftig sein, damit das Essen eine Grundlage für den Alkohol schafft.

Karneval leitet sich von lat. »carne vale« (Fleisch lebe wohl) ab. So beginnt dann am Aschermittwoch die 40-tägige Fastenzeit, in der man weder Fleisch, Eier noch Süßes essen und keinen Alkohol trinken darf. Deshalb wird beim Karneval noch einmal so richtig zugeschlagen.

STÖR mit Couscous

Zutaten

4 Störfilets á 180 g
100 bis 120 g Couscous
2 Eier
1 Zweig Thymian
Schnittlauch
2 Schalotten
1 Limette
6 Kirschtomaten

1 TL Currypaste
1 TL Rapsöl
1 EL weißer Balsamico
1 EL Sesamöl
Butter
Pfeffer & Salz

Kochutensilien

2 Töpfe für den Couscous
1 Pfanne für den Stör
1 Schüssel für die Vinaigrette
Schneidebretter
sauberes Küchentuch
scharfe Messer

Den **STÖR** von seiner Haut, Gräten und von den gräulichen Fettstreifen befreien.

Für die **VINAIGRETTE** eine Schalotte, Kirschtomaten und hartgekochte Eier in Würfel schneiden und mit Rapsöl, Balsamico, Salz und Pfeffer verfeinern. Zum Schluss Schnittlauchröllchen hinzugeben und umrühren.

Eine Tasse **COUSCOUS** im Verhältnis 1:1 mit heißem Wasser aufgießen und quellen lassen. Eine Schalotte in feine Würfel schneiden und mit Olivenöl im Topf anschwitzen. Grobe Limettenscheibe hinzugeben und mit der Currypaste erhitzen. Vor dem Anrichten den Couscous im Topf anbraten.

Stör in einer Pfanne mit Öl, Butter und Thymian anbraten. Nach Geschmack mit Salz, Pfeffer und Sesamöl verfeinern.

Amuse-Gueule

Fisch des Jahres 2014: der **Stör**. Vor allem ist der Fisch aufgrund seines wertvollen Rogens (Kaviar) bekannt. Der Stör kann maximal 6 Meter lang und in Einzelfällen bis zu 2 Tonnen schwer werden. Als Zuchtfisch ist er in der Küche nicht nur als Kaviarspender, sondern auch als Speisefisch sehr beliebt, da er fast grätenfrei ist.

Beim Einkauf erkennen Sie seine Frische an klaren, nach außen gewölbten Augen, festen, anliegenden Schuppen und hellroten Kiemen. Bei der Zubereitung darauf achten, sein dunkles Fett zu entfernen, da der Fisch sonst tranig schmecken könnte

ERDBEER-*Tiramisu*

Zutaten

600 g Erdbeeren
16 Löffelbiskuits
1 Blatt weiße Gelatine
100 g Puderzucker
2 EL Amaretto
200 ml Schlagsahne
250 g Mascarpone (zimmerwarm)

250 g Magerquark (zimmerwarm)
1 Bio-Limette
1 Vanilleschote
Salz

Kochutensilien

1 Topf für die Gelatine
3 Schüsseln für die Sahne, das Erdbeerpüree und die Mascarpone-Quark-Creme
Herz-Kuchenform
Schneidebretter
scharfe Messer
Schneebesen
Stabmixer

Für das **ERDBEERPÜREE** Gelatine in kaltem Wasser einweichen. Erdbeeren mit kaltem Wasser waschen und gut abtropfen lassen. Limette waschen, trocken tupfen und die Schale fein abreiben. Limettensaft auspressen. 300 g Erdbeeren mit 40 g Puderzucker, Limettensaft und -schale in ein hohes Gefäß geben und mit dem Mixstab sehr fein pürieren. Amaretto erwärmen und die ausgedrückte Gelatine darin auflösen. Sofort mit einem Schneebesen unter das Erdbeerpüree rühren und kalt stellen.

Für die **MASCARPONE-QUARK-CREME** Mascarpone und Quark mit dem restlichen Puderzucker, 1 Prise Salz und Vanillemark cremig aufschlagen. Kalt stellen. Sahne steif schlagen und unterheben.

LÖFFELBISKUITS in 2 bis 3 cm große Stücke schneiden. Die Hälfte der Löffelbiskuits auf 8 Tassen oder Gläser (Inhalt à 200 ml) verteilen. Jeweils mit 3 bis 4 Esslöffeln Erdbeerpüree beträufeln, ein paar halbierte Erdbeeren darauf geben und die Hälfte der Creme darauf verteilen. Die restlichen Löffelbiskuits, jeweils 3 bis 4 Esslöffel Erdbeerpüree und die übrigen Erdbeeren darauf verteilen. Restliche Creme darübergeben und mit dem restlichen Erdbeerpüree beträufeln.

Amuse-Gueule

Die leckere Kalorienbombe aus Italien. Und so bringt man Abwechslung ins **Tiramisu**-Rezept: Löffelbiskuits ruhig mal durch Butterkekse, Cookies, Amarettini oder zu Weihnachten durch Spekulatius ersetzen, statt Kaffee Schokoladen- oder Karamellsauce, Fruchtsaft, Likör oder Sirup verwenden. Anstelle der Erdbeeren können auch Himbeeren, karamellisierte Äpfel, Kokosraspel oder Krokant verwendet werden. Für die Kleinen den Espresso durch Kakao ersetzen – so können auch Kinder mitnaschen.

Und für die Figur: Mascarpone ist ein großer Geschmacksträger, man kann aber Kalorien reduzieren, indem man die Hälfte mit Magerquark ersetzt.

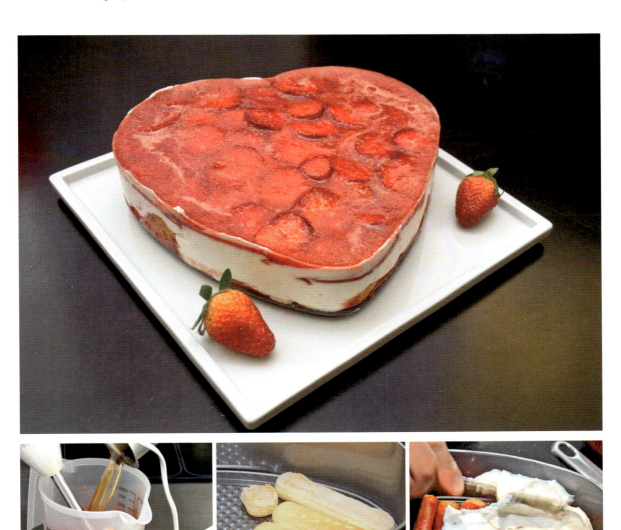

WEIHNACHTSPLÄTZCHEN – *Gefüllte Linzer Plätzchen & Klassische Florentiner*

Zutaten

für die Linzer Plätzchen:
225 g Mehl
75 g Zucker
125 g kalte Butter
1 Eigelb
1 EL Rum
1 Pck. Bourbon-Vanillezucker
Puderzucker zum Bestäuben
125 g rotes Gelee (z.B. Himbeer-Gelee)

für die Klassischen Florentiner:
120 g Butter
140 ml Schlagsahne
50 g Honig
170 g Zucker
40 g Mehl
100 g Zitronat / Orangeat
100 g Pinienkerne
100 g Mandelstifte
100 g Mandelblättchen
300 g weiße oder dunkle Kuvertüre

Kochutensilien

2 Schüsseln, je für den Teig
1 runder Ausstecher (Ø 5 cm)
1 kleiner Ausstecher (Kreis, Herz, Stern)
1 Topf für die Florentiner
1 Topf & 1 Schüssel für das Wasserbad
2–3 Backbleche & Backpapier
Schneidebretter
sauberes Küchentuch
Teigroller
Kuchengitter
scharfe Messer

LINZER PLÄTZCHEN: Den Backofen auf 150 °C Umluft vorheizen. Für den **TEIG** das Mehl, Zucker, Vanillezucker, Butter, Eigelb und Rum abwiegen, in eine Schüssel geben und zu einem geschmeidigen Teig verkneten. Den Teig in Klarsichtfolie einwickeln und circa 30 Minuten ruhen lassen.

Den Teig auf einer bemehlten Arbeitsfläche circa 3 mm dick ausrollen und etwa 50 Kreise ausstechen. Davon 25 Teile in der Mitte mit einer kleineren Form ausstechen. Die Plätzchen auf mit Backpapier ausgelegte Backbleche legen. Im vorgeheizten Backofen circa 12 Minuten backen. Die Plätzchen anschließend herausnehmen und auskühlen lassen.

In der Zwischenzeit das **GELEE** erwärmen. Die für den Boden bestimmten Kekse mit dem Gelee bestreichen und mit je einem Keks mit Loch belegen. Die Löcher mit dem restlichen Gelee etwas auffüllen. Zum Schluss die Plätzchen mit Puderzucker bestäuben.

Für die **FLORENTINERMASSE** den Zucker mit Honig, Butter und Sahne in einen Topf geben und bei mittlerer Hitze circa 6 bis 7 Minuten ohne Deckel einkochen lassen.

In der Zwischenzeit die kandierten **FRÜCHTE** fein hacken. Mit Pinienkernen, Mandelstiften und -blättchen sowie dem Mehl in einer Schüssel mischen. Alles unter die karamellisierte Masse mengen, circa 5 Minuten unter Rühren leicht köcheln und anschließend abkühlen lassen.

Die **FLORENTINERMASSE** mit einem Esslöffel als kleine Häufchen auf ein mit Backpapier belegtes Blech geben oder ganz dünn auf dem Blech verteilen. Am besten geht das, wenn man die Masse auf das Backblech gibt, mit Backpapier belegt und mit dem Teigroller vorsichtig ausrollt.

Die Florentiner im vorgeheizten Backofen bei circa 180 °C Umluft für 8 bis 10 Minuten goldbraun backen. Aus dem Ofen nehmen und abkühlen lassen. Nun mit einem Ausstecher kleine Taler ausstechen und auf einem Kuchengitter vollständig abkühlen lassen.

Zum **VERZIEREN** die Kuvertüre hacken, über dem heißen Wasserbad schmelzen und die Florentiner mit einer Randseite in die Kuvertüre tauchen. Die fertigen Florentiner wieder zurück auf das Kuchengitter legen und 10 Minuten kalt stellen, damit die Kuvertüre fest wird.

Amuse-Gueule

In der Weihnachts- und Adventszeit sind **Plätzchen** besonders beliebt. Gerade Kinder freuen sich auf die ersten Köstlichkeiten, aber die süßen Kleinigkeiten sind auch bei großen Leckermäulern beliebt. Beim Backen der Weihnachtsplätzchen sind der Phantasie keine Grenzen gesetzt.

Damit Sie Freude bei der Arbeit haben, hier ein paar kleine Tipps: Fett und Eier sollten direkt aus dem Kühlschrank kommen, dann lässt sich der Teig am einfachsten verarbeiten. Den Teig am besten zwischen zwei Lagen Folie ausrollen, dann bleibt er nicht kleben. Mehl verhindert außerdem das Festkleben des Teigs auf der Arbeitsfläche. Ausstecher vorher mit dem unteren Rand in Mehl tauchen. Die Plätzchen werden besonders zart, wenn Sie Mürbeteig mit Puderzucker statt Kristallzucker zubereiten. Zuckerguss bleibt länger streichfähig, wenn man eine Prise Backpulver unterrührt. Teigreste von Plätzchen einfach einfrieren und bei Bedarf wieder auftauen.

PERFETTO – *Feine Kost bei Karstadt*

43 Feinkostmärkte bundesweit: PERFETTO ist Deutschlands Top-Feinkosthändler mit einem vielfach ausgezeichneten Sortiment an internationalen Spezialitäten. Die PERFETTO-Feinkostmärkte bieten kulinarische Glanzpunkte wie irisches Weideochsenfleisch, ein außergewöhnlich gut sortiertes Weinsortiment aus aller Welt, eine einzigartige Auswahl feinster Olivenöle und die ausgesuchten Köstlichkeiten der exklusiven Premiummarke Excellent – darunter dänischer Fanø-Laks, Bio Malabar Pfeffer und handgelegte italienische Wurst-Aufschnittspezialitäten in großer Auswahl. Bei PERFETTO werden Feinschmecker und Genießer fündig, gemäß dem Leitsatz: Genuss nach meinem Geschmack.

In vielen Filialen können sich Genießer zudem am PERFETTO-Treff die ausgewählten Köstlichkeiten direkt zubereiten lassen. Praktische Serviceleistungen wie kostenlose Ernährungsberatung, Weinfachberatung, Plattenservice, Liefer- und Geschenkservice und nicht zuletzt die tollen Wunschkarten runden das PERFETTO-Angebot ab.

Hier in »Kastenmeiers Köstlichkeiten« können Sie als besonderen PERFETTO-Service die Zutatenliste, die zugleich die Einkaufsliste ist, aus dem Buch scannen und vor Ort bei Ihrem PERFETTO-Einkauf in der Feinkostabteilung abrufen.

Mehr zu Deutschlands Top-Feinkosthändler auf www.perfetto.de.

HITRADIO RTL – *Die Mitkoch-Show*

Jeden Sonntag zwischen 10 und 12 Uhr ist Radio-Showtime für Gourmetkoch Gerd Kastenmeier bei der **HITRADIO RTL Mitkoch-Show.**

Wie man sieht, ist das Radioteam mit den beiden Moderatoren Marcel Wentzke und Stephan Bodinus mit Spaß bei der Sache – und ganz Sachsen schwingt den Kochlöffel mit.

Also Radio einschalten, Sachsens besten Musikmix genießen und ganz entspannt am Sonntagvormittag zum Kochprofi werden – mit Rezepten und persönlichen Tipps & Tricks des Gourmetkochs!

GERD KASTENMEIER

In der Küche seiner Mutter erlebte Gerd Kastenmeier als Kind magische Momente: Jedenfalls hat er, seit er vier Jahre alt ist, gar nicht weiter über seinen Berufswunsch nachdenken müssen. Schon immer zog es den gebürtigen Niederbayern an den Herd. Als Junge lockten ihn Kochsendungen mehr als Sportübertragungen. Und wenn er mal mit den anderen Jungs Fußball gespielt hat, bereitete er nach dem Spiel für die gesamte Mannschaft riesige Omelettes zu.

Für Gerd Kastenmeier ist das Kochen also nicht nur Beruf, sondern Berufung. Seine Lehrzeit absolvierte er im Hotel »Wastlsäge«, damals eines der renommiertesten Restaurants im Bayerischen Wald. Nach den Lehrjahren folgten die Wanderjahre – im Schlosshotel »Monrepos« in Ludwigsburg, außerdem in Reutlingen, Straubing und Bayreuth. Dort übernahm er 1988 die Position des stellvertretenden Küchenchefs im Fünf-Sterne-Hotel »Rafael«.

Dann zog es den ambitionierten Koch nach Hamburg: Zwei Jahre kochte Kastenmeier im Restaurant »Amadeus«, das während seines dortigen Wirkens mit einem Michelin-Stern ausgezeichnet wurde. Anschließend war er stellvertretender Küchenchef im Landhaus »Scherrer«. Anfang der 1980er Jahre lockte es Gerd Kastenmeier nach Berlin. In der heutigen Bundeshauptstadt übernahm er die Leitung des Fisch-Restaurants »Fischküche«.

Die Begeisterung für feine Fischgerichte war es, die ihn letztendlich nach Dresden lockte. 1995 war Kastenmeier erstmals in Dresden und eröffnete im selben Jahr die »Fischgalerie«. 1998 übernahm er parallel dazu die »Lindenschänke«, ein denkmalgeschütztes Wirtshaus, das mit sächsisch-bayerischer Küche und einem großzügigen Biergarten am Ufer der Elbe ebenfalls schnell zur Top-Adresse in Elbflorenz avancierte. Das Hochwasser von 2002 bescherte jedoch der »Fischgalerie« ein jähes Ende. Der Traum vom eigenen Fischrestaurant aber wurde mit dem »Kastenmeiers« im Kurländer Palais nach acht langen Jahren endlich Wirklichkeit. Schon zu Zeiten der »Fischgalerie« entwickelte sich das Cateringgeschäft und die Eventbetreuung zu einem starken zweiten Standbein. Ob klassisches Catering bei Firmen-Events, Fingerfood bei privaten Feiern, »Fliegendes Büfett« für die Hope Gala Dresden oder Gala-Menüs für die 2000 Gäste des Leipziger Opernballs – Kastenmeiers köstlich-unkomplizierte Gourmetküche wird über die Grenzen Dresdens hinaus geschätzt und ist nicht nur in der Elbestadt für kulinarische Höhepunkte bekannt. So sorgte Gerd Kastenmeier von 2005 bis 2009 für den Gourmet-Zauber im Trocadero Sarrasani Theater und bewirtete mit seinem Team insgesamt rund 150 000 Gäste mit hochklassigen Menüs unter der Zirkuskuppel. Und das mehrfach siegreiche X-Raid-Team engagierte ihn für das Catering auf der berühmten Rallye »Dakar«.

Aber damit nicht genug: Seit einigen Jahren kocht er immer sonntags in der HITRADIO RTL-Mitkoch-Show eigene Rezepte und verleitet die Hörer zum Nachkochen und Ausprobieren. Vorher hatte er bei Kabel 1 (»Abenteuer Leben«) ein TV-Format, heute ist er ab und zu in den Showküchen der ARD (MDR) zu Gast. Auch zahlreiche Artikel in Zeitschriften und Magazinen sind über ihn erschienen.

Jetzt gibt es endlich **»KASTENMEIERS KÖSTLICHKEITEN«** als Kochbuch – im BuchVerlag für die Frau Leipzig!

Für alle, die Gerd Kastenmeier live als Koch erleben wollen:

Kastenmeiers Fischrestaurant
Tzschirnerplatz 3–5
01067 Dresden
Tel. 0351 – 48 48 48 01

Mehr Informationen unter: www.kastenmeiers.de

REZEPT - *Verzeichnis*

A
Antipasti, vegetarisch 106
Apfel-Birnen-Kompott 94
Auflauf mit Karpfen 74

B
Backhendl in Kürbiskernpanade 71
Blattsalat mit gebratenen Pfifferlingen 54
Bohnensuppe 76
Burger 56

C
Chicken Wings 56
Coleslaw mit krossem Parmaschinken 58
Crema Catalana 64
Crème Brûlée 96
Crostini mit Obatzda und Radieschen 70
Crostini mit Parmaschinken 25

D
Dörrpflaumen im Speckmantel 27

E
Eclairs 34
Empanadas, brasilianische 108

F
Faschingsspieß 122
Fingerfood 24
Fingerfood, dreierlei 70

Fischstäbchen mit Gurken-Dill-Salat 28
Florentiner, klassische 128
Forelle, geräuchert 50
Forellenröllchen mit karamellisiertem Spargel 30
Frühlingsgemüse 10, 18
Frühlingslauch, karamellisiert 16

G
Garnelentatar 20
Gemüse, gegrillt 48, 60
Gemüse, Paprika- 74
Gemüse, Wok- 92
Grillhähnchen auf der Dose 42
Grillwürste 40
Gulasch, Szegediner 78
Gurken-Dill-Salat 28

H
Hackfleischbällchen mit Frühlingsgemüse 18
Halloumi 48
Herzmuscheln mit Vanillepasta 120

J
Jakobsmuscheln, gratiniert 20

K
Kalmare 38
Karpfen (im Auflauf) 74
Karpfen in Bockbiersauce 84
Kartoffeln in Salzkruste 42
Kerbelbutter 10

Knoblauchkartoffeln 44
Köttbullar 86
Krabbenpflanzerl 20
Kräuterbutter 104
Kräutercrêpes mit Räucherlachs 24

L
Lachs, gegrillt 46
Lammschlegel, gebraten 88
Langos 80
Lasagne, klassisch 14
Linzer Plätzchen 128

M
Maki (Sushi) 12
Matjessalat 90
Maultaschen, geschmolzene 118

N
Nigiri (Sushi) 12
Nudeln mit Kirschtomaten 116
Nudelsalat mit getrockneten Tomaten 58
Nudelsalat mit Pesto 54
Nürnberger, überbacken 40

O
Oktoberfest – dreierlei Fingerfood 70
Orangen-Fenchel-Salat 46
Osterschinken in Brotteig 10

P
Paprika, mit Brät gefüllt 40
Paprikahuhn 80
Pizza, hausgemacht 114
Pumpernickeltaler mit Rindertatar 26
Putenbrustwürfel, glasiert 92

Q
Quarkstrudel mit Rhabarberkompott 32

R
Rehkeule mit Pfifferlingen und
    Walnuss-Schupfnudeln 68
Rhabarberkompott 32
Rhabarbertarte 32
Rib-Eye-Steak 44
Roulade von der Pute 112
Rumpsteak 104

S
Saibling, gegrillt 38
Salat, mediterran 38
Sangria 64
Schafskäse, gebacken 60
Schokoladenkuchen mit Mango-Ananas-Spieß 62
Schweinefilet mit Steinpilzen 82
Schweinefilet, geräuchert 50
Schweinefilets, paniert 16
Schweinenackensteak, klassisch 44
Schweinerippchen mit Arepas 110
Seeteufel im Speckmantel 38
Smörrebröd, dänisches 90

Spareribs 52
Spargel, karamellisiert 30
Stangenspargel mit Schinken-Kräuter-Vinaigrette 22
Stör mit Couscous 124
Sushi 12

T
Tiramisu, Erdbeer- 126
Tomatenspaghettini 16
Tomatenreis 122
Topfenschmarren mit Apfel-Birnen-Kompott 94

V
Vanillepasta 120

W
Walnuss-Schupfnudeln 68
Weihnachtsgans, exotische 100
Weihnachtsplätzchen 128
Weißwurstscheiben, gebraten 72
Wildschweinragout mit Spätzle 102
Wurstspieße mit Speck 40

ISBN 978-3-89798-455-4
© BuchVerlag für die Frau GmbH, Leipzig 2014
Redaktion: Andrea Giese, Carmen Graefe
Fotos: Jens Hillig, Ruben Gläser (S. 115, 127), fotolia.com (S. 20, 23, 24, 25, 27, 65, 70, 71, 97, 136), Shutterstock (S. 130), Christian Lohfink für PERFETTO (S. 131), Verlagsarchiv
Covergestaltung und Layout: makena Plangrafik, Leipzig
Druck und Bindung: Stürtz GmbH, Würzburg

www.buchverlag-fuer-die-frau.de